Margarete Mitscherlich
Die Zukunft ist weiblich

SERIE PIPER
Band 968

Zu diesem Buch

Die Frau ist ein Wesen, das, solange wir denken können, zu den Unterdrückten dieser Welt gehört. Aber das Wissen um die eigene Unterdrückung hat ihr oft auch eine besondere Kraft vermittelt, wenn es um die Einfühlung in Schwache und Abhängige geht. Weiblich ist also nicht nur die Bereitschaft zur Sorge und Unterstützung Hilfsbedürftigen gegenüber, sondern, aufgrund des Frauenschicksals, Einfühlung in Unterdrückte und Wissen darum, was Unterdrückung bedeutet.

Um diese Thesen – unter dem Motto »Die Zukunft ist weiblich, oder es gibt sie nicht« – kreisen die hier vorgelegten Gespräche der Pendo-Verlegerin Gladys Weigner mit der Psychoanalytikerin Margarete Mitscherlich. Traditionelle männliche Werte und Verhaltensweisen wie Konkurrenzdenken und Machtstreben, Aggressivität und Rücksichtslosigkeit sind angesichts der Gefährdung von Welt und Umwelt riskante und destruktive Anachronismen. Soll die Menschheit überleben und eine Zukunft haben, muß sie weibliche Haltungen und Denkweisen als die »menschlicheren« zum Tragen bringen: Einfühlsamkeit und Verantwortungsbewußtsein, Fürsorglichkeit und Solidarität.

Margarete Mitscherlich-Nielsen, geboren 1917 in Dänemark. Dr. med., Psychoanalytikerin in Frankfurt am Main. Mitglied der Sigmund-Freud-Gesellschaft. Im Piper Verlag liegen außerdem vor: »Das Ende der Vorbilder« (SP 183) und (zus. mit Alexander Mitscherlich) »Die Unfähigkeit zu trauern« (SP 168).

Margarete Mitscherlich

Die Zukunft ist weiblich

Piper
München Zürich

Von Margarete Mitscherlich liegen
in der Serie Piper außerdem vor:
Das Ende der Vorbilder (183)
Die Unfähigkeit zu trauern (168)
(zus. mit Alexander Mitscherlich)

ISBN 3-492-10968-3
Juni 1990
2. Auflage, 13.–20. Tausend Oktober 1990
R. Piper GmbH & Co. KG, München
Lizenzausgabe mit Genehmigung des pendo-verlags, Zürich

Umschlag: Federico Luci,
unter Verwendung des Gemäldes »Sternenhaupt«
(1895/1900) von Odilon Redon
Foto Umschlagrückseite: Gabriele Lorenzer
Gesamtherstellung: Clausen & Bosse, Leck
Printed in Germany

Unterdrückung

Sie rufen in Ihrem Buch »Die friedfertige Frau« uns Frauen dazu auf, uns an unsere Geschichte zu erinnern und uns auf unsere Vorbilder in Vergangenheit und Gegenwart zu besinnen. An welche Geschichte sollen wir uns erinnern? Die Geschichte der Frau ist ja nicht so sehr eine Geschichte des Friedens als eine Geschichte der Unterdrückung! Und welche Vorbilder in Vergangenheit und Gegenwart meinen Sie: Frau Thatcher, Frau Gandhi, Königin Victoria, Kaiserin Maria Theresia?

Ihre Kritik und Ihr Zweifel sind berechtigt. Der Aufruf, sich auf Vorbilder zu besinnen, ist, so global angelegt, leichtfertig. Ich habe 1978 ein Buch veröffentlicht mit dem Titel »Das Ende der Vorbilder – Vom Nutzen und Nachteil der Idealisierung«. Darin brachte ich zum Ausdruck, daß man als Kind und unreifer Mensch offenbar Vorbilder braucht, daß aber für den Erwachsenen Skepsis gegenüber aller Vorbildhaftigkeit angebracht ist. Denn die unkritische Identifikation mit Vorbildern bedeutet auch eine unkritische Identifikation mit Werten, die uns in die Irre führen können und schwerwiegende Fehler begehen lassen. In dem von Ihnen zitierten Teil meines Buches lag mir daran, Frauen auf die Geschichte der Frauenbewegung aufmerksam zu machen, damit sie nicht immer wieder bei Adam und Eva anfangen müssen, sondern wissen, was auf dem Gebiet der

Frauenbewegung schon alles gedacht und geleistet worden ist. Frauen, die ihre weiblichen Rollenzwänge durchschauten und Möglichkeiten fanden oder dafür kämpften, sie zu durchbrechen, können in der Tat wegweisend für viele von uns sein. »Vorbilder« können uns nur dann weiterhelfen, wenn wir sie nicht idealisieren, sondern ihre Erkenntnisse und ihre Kämpfe benutzen, um darauf aufzubauen und um selbständig das Denken und die Kämpfe weiterzuführen.

Die Frauenbewegung ist schon fast 200 Jahre alt. Frauen, die sich politisch organisierten, kämpften bereits in der Französischen Revolution für ihre Rechte. Olympe de Gouges veröffentlichte ein Manifest für die Rechte der Frau, die im Manifest der Menschenrechte nicht erwähnt worden waren. Ihr revolutionärer Kampf für die Sache der Frauen hatte allerdings schwerwiegende Folgen, denn Olympe de Gouge endete 1793 auf dem Schafott. Im Verlauf der Geschichte hat es natürlich schon vor ihr viele Frauen gegeben, die sich ihrer unterdrückten Situation als Frauen bewußt waren, dagegen kämpften und über ihr Schicksal kritisch berichteten. In den letzten 200 Jahren haben sich Frauen immer wieder politisch organisiert und für ihre Rechte gekämpft. Wenn dem nicht so gewesen wäre, möchte ich nicht wissen, wie die Situation der Frau heute aussähe.

Ich möchte wiederholen: Die Geschichte der Frau ist weniger eine Geschichte des Friedens als eine Geschichte der Unterdrückung. Stimmen Sie darin mit mir überein?

Natürlich, Frauen wurden kolonialisiert wie andere unterdrückte Völker oder Volksteile auch. Nur war die Unterdrückung der Frau weltweit und nicht auf einige Völker beschränkt.

Aber wenn die Frauen die Machtposition von Männern wirklich erringen sollten, würde dann der Spieß nicht einfach umgedreht?

Da könnte es sicherlich Probleme geben. Vorerst allerdings haben Frauen so gut wie nie Macht erringen können. Die wenigen Frauen, denen das gelungen ist, mußten sich mit der Art und Weise der männlichen Machtausübung identifizieren, um überhaupt entsprechende Positionen erreichen zu können. Je mehr Frauen es tatsächlich gelänge, sich durchzusetzen, um so mehr könnte sich natürlich auch ihre Art, Macht zu nutzen, von den bisher üblichen und eingefahrenen Mustern unterscheiden. Wenn eine einzelne Frau Macht ausübt im Sinne überkommener Vorstellungen, ändert sich natürlich wenig. Man denke nur an Frau Thatcher, mit deren Biographie ich mich ein wenig beschäftigt habe. Sie stammt aus einer spätvictorianischen, puritanischen Aufsteigerfamilie, in der allein der Vater die »Werte« bestimmte. Fortschritt im unkritischen Sinne war da der Leitgedanke, Hierarchie war ein Wert für sich; Skepsis gegenüber dieser Art des Denkens ist Frau Thatcher fremd. Meines Erachtens gehört sie deswegen auch viel mehr in die männliche Wertwelt des 19. Jahrhunderts als in eine demokratische Welt des 20. Jahrhunderts, geschweige denn in eine Welt, in der Frauen mit Hilfe von ganz anderen »Werten« politisches und gesellschaftliches Verhalten grundlegend ändern wollen. Für Frau Thatcher war nur ihr Vater von Bedeutung; ihre Mutter achtete sie wenig, auch ihre Schwester spielte für sie kaum eine Rolle. Auf dieser Linie einer Identifikation mit väterlich-männlichen Traditionen und Wertvorstellungen ist es eigentlich gleichgültig, ob nun eine Frau oder ein Mann Macht ausübt. Innerhalb der Frauenbewegung gibt es in dieser Hinsicht jedoch sehr unterschiedliche Meinungen. Manchen Frauen kommt es vorwiegend darauf an, daß endlich Frauen Macht übernehmen; ob sie sich dabei mit Männern identifizieren, scheint ihnen von sekundärer Bedeutung zu sein. Ich bleibe dabei, daß ohne Bewußtmachung falscher Rollenfixierungen und Wertvorstellungen Macht – auch von Frauen – nicht zur Verfolgung neuer Ziele angewandt werden kann. Aber daß die Frauen überall auf der Welt unterdrückt sind, in manchen Gebieten der Welt noch mehr als in anderen, ist offensichtlich. Gewiß gibt es auch ungezählte Männer, die unterdrückt sind, aber selbst die Frauen unterdrückter Männer sind immer noch um einiges unterdrückter als diese.

Mein Mann: Alexander Mitscherlich

Sie haben mit Ihrem Mann sehr eng zusammengearbeitet und auch gemeinsam Bücher und Artikel geschrieben. Wie haben Sie sich kennengelernt? Aus welchem Hintergrund kommt Ihr Mann, und aus welchem Hintergrund kommen Sie?

Wir haben uns kurz nach dem Kriege im Tessin kennengelernt, als es dort noch wesentlich weniger Deutsche gab als heute. Ich selber bin in Dänemark geboren, stamme aus einer gemischten Ehe, d. h. mein Vater war Däne, meine Mutter war Deutsche. Ich wuchs bis zu meinem 14. Lebensjahr in Dänemark auf, bin dann in Flensburg zur Schule gegangen und habe dort mein Abitur gemacht. Daß ich nach Flensburg kam, hatte etwas mit meinem Großvater zu tun, der dort in den zwanziger Jahren eine Bank gegründet hatte, mit deren Hilfe er die dänische Minderheit südlich der Grenze zu unterstützen hoffte. Nachdem Brüning, der damalige Kanzler, Ende der zwanziger oder Anfang der dreißiger Jahre alle ausländischen Gelder in Deutschland einfrieren ließ, konnte ich von diesem Geld in Flensburg die Schule besuchen und später mein Studium bestreiten. Sonst wäre für mich als fünftes Kind eines schon recht alten und damals auch kranken Vaters kein Geld zur Verfügung gewesen. Während des Krieges habe ich mich für anthroposophische Medizin interessiert. Mit Hilfe einer anthroposophischen Freundin gelang es mir in Arlesheim bzw. in Ascona an einem anthroposophischen Sanatorium eine Anstellung zu bekommen. Mein Interesse für Anthroposophie hat jedoch nicht allzulange gedauert; Psychoanalyse und Psychologie, für die ich mich schon viel länger interessiert hatte, überwogen alle anderen Richtungen des Denkens. In Ascona fand auch meine Begegnung mit Alexander Mitscherlich statt, und natürlich hat diese ein Leben dauernde Beziehung mein Interesse für Psychoanalyse noch vertieft.

Aus was für einer Familie kam Alexander Mitscherlich?

Alexander Mitscherlich stammte aus einer alten Familie von Wissenschaftlern, in der sich besonders Chemiker einen Namen gemacht hatten. Sein Urgroßvater Eilhard war wohl der bekannteste, der mit seiner Entdeckung der Isomorphie als Mitbegründer der modernen Chemie angesehen werden kann. Auch sein Großvater Alexander, Professor an der Freiburger Universität, war bekannt als Erfinder der Herstellung von Papier aus Holz.

Sie haben sich beide früh mit Psychoanalyse beschäftigt?

Alexander sicherlich schon früher als ich. Ich habe zuerst Literatur, Englisch und Geschichte studiert und unkritisch alles Psychologische gelesen, was mir über den Weg lief, sei es von Freud, sei es von Jung oder auch von anderen damals modischen Psychotherapeuten. Ich habe immer gern und viel gelesen, und dem stand auch in der Nazizeit nichts im Wege, weil ich ja in Dänemark immer lesen konnte, was ich wollte, und fast alle bekannteren Bücher der Weltliteratur ins Dänische übersetzt sind. Mich haben Literatur und Psychologie eigentlich immer viel mehr interessiert als Medizin. Nur war das in Deutschland damals schwierig, weil diese Fächer der ideologischen Eingeschränktheit der Nazizeit ausgeliefert waren. Deswegen habe ich dieses Studium aufgegeben und lieber Medizin studiert. Das war auch der Wunsch meines Vaters. Immerhin war die Medizin etwas Handfesteres, war mit dem menschlichen Körper unmittelbar verbunden und deswegen einer Ideologie – zumindest was weite Bereiche der Wissensaneignung betraf – nicht ganz so ausgeliefert wie die Fächer der Kulturwissenschaften.

Von der Medizin sind Sie zur Psychiatrie übergewechselt?

So schnell nicht. Ich bin erst von Dänemark in die Schweiz gegangen und habe dort an verschiedenen Kliniken gearbeitet; später war ich in Deutschland sowohl in der Psychiatrie wie auch in der Inneren Medizin tätig.

Sie und Ihr Mann hatten also als erstes einen naturwissenschaftlichen Hintergrund?

Ja, sicherlich.

»Richtige Männer«

A. M. hat das Buch geschrieben »Auf dem Weg zur vaterlosen Gesellschaft«. Heißt das eigentlich: Die Männer sollten wieder mehr Väter werden? Können die Frauen ihnen dabei helfen? Sollten Männer lernen, eine neue väterliche Rolle zu übernehmen?

A. M. schrieb dieses Buch aufgrund seiner Beobachtungen, daß die väterliche Art, Autorität im traditionellen Sinn, im Schwinden begriffen sei. Er selber war ja in einer besonders autoritätshörigen Gesellschaft aufgewachsen. Mir fiel seinerzeit auf, daß die durchschnittliche deutsche Gesellschaft wesentlich autoritärer war als die mir aus meiner Kindheit bekannte dänische. Sicherlich trug diese Tradition mit dazu bei, daß ein Mann wie Hitler in Deutschland an die Macht kommen konnte. Als Mitscherlich das genannte Buch schrieb, setzte er sich damit auseinander, daß die Art der väterlichen Autorität, die für ihn in seiner Kindheit eine Selbstverständlichkeit gewesen war, sich offensichtlich änderte. Es war klar, daß der Vater in der technisch-industriellen Welt bei seiner beruflichen Arbeit für das Kind immer fremder und unsichtbarer wurde und damit auch in seinen Funktionen kein Vorbild mehr für seine Kinder sein konnte. Es gab aber einen Bruch in der Gesellschaft: In seinen beruflichen Funktionen konnte der Vater kein Vorbild mehr darstellen, familiär dagegen bestanden Traditionen autoritär-patriarchalischer Art weiter, verloren aber ihre Glaubwürdigkeit.

Haben die Frauen die Aufgabe, den Vätern zu helfen, wieder richtige Väter zu werden?

Was immer »richtige« Väter sind! Typische, die Familie beherrschende Väter, wie meine Generation sie noch erlebt hat und wie sie seit Jahrhunderten existieren, sind ganz sicherlich nicht das, was wir verewigen möchten. Väter, die nur autoritär bestimmen, was sie jeweils für richtig halten, die voller Vorurteile sind, rigide Haltungen einnehmen und auf ihren Verdrängungen beharren, davon haben wir wahrlich genug gehabt. Wir, als Frauen, möchten heute vielmehr darauf aufmerksam machen, was in der Beziehung zwischen Mann und Frau, was in den gesellschaftlichen Hierarchien eigentlich vor sich geht, und gegen starre Verleugnungen und doppelte Moral kämpfen.

Möchten wir Frauen denn überhaupt Männern helfen, Väter in unserem Sinne zu werden?

Ich werde immer wieder angegriffen, weil ich mich zu plakativ ausdrücke. Es ist aber fast nicht möglich – wenn man einen Trend herauszuarbeiten versucht –, ohne gewisse Verallgemeinerungen auszukommen. Selbstverständlich gibt es individuell gesehen große Unterschiede, was väterliche Haltungen betrifft. Aber eines ist doch klar: daß das kleine Kind bis heute völlig der Mutter überlassen wird. Der Vater kommt – wenn überhaupt – erst als »Erzieher« ins Spiel, nicht als Fürsorger eines hilflosen Wesens. Diesen Dienst muß nach wie vor die Frau allein leisten; zumindest gibt es bis heute nur selten Väter, die bereit sind, vom ersten Tag an die Sorge um das Kind mit zu übernehmen.

Mütterlichkeit – naturbedingt

Gibt es geschlechtsspezifische, also nicht nur geschichts- und gesellschaftsbedingte Eigenarten und Eigenschaften der Frau, die sie fähiger machen zur Friedfertigkeit, z. B. die Mütterlichkeit?

Ich denke eigentlich, daß die Frauen nur deswegen friedfertiger und mütterlicher sind, weil ihnen gar nichts anderes übrigbleibt. Wir sind, meines Erachtens, viel zu friedfertig, denn die Friedfertigkeit der Frau hat den Männern erlaubt, ihre Friedlosigkeit, ihre Kriege und ihre innere und äußere Feindsuche ad infinitum fortzuführen. Die Friedfertigkeit ist der Frau durch den Rollenzwang zu einem bestimmten Verhalten quasi auf den Leib geschrieben. Durch die Erziehung, die sie seit Jahrhunderten genossen hat, durch die wie selbstverständlich an sie gestellten Erwartungen hat sie gelernt, sich in kleine Kinder, aber beispielsweise auch in ihren Mann einzufühlen und sich den Launen der Familie zur Verfügung zu stellen.

Aber die Mütterlichkeit ist doch nicht nur eine Rolle? Ist sie nicht auch naturbedingt?

Da bin ich mir nicht so sicher; menschliches Verhalten läßt sich so leicht mit tierischem nicht vergleichen. Ich will gewiß nicht abstreiten, daß schwangere Frauen sich auf das Kind in ihrem Leibe anders einstellen als der dazugehörige Vater, und ich denke auch, daß es etwas ganz Natürliches ist, einem hilflosen Wesen gegenüber mütterlich zu sein, d. h. fürsorgend, einfühlend und liebevoll. Allerdings könnte das auch die adäquate Reaktion von Männern sein, die einem kleinen Kind gegenüberstehen, wenn es ihre Gesellschaft ihnen nahebringen würde. Die Väter könnten also ähnlich »naturbedingt« väterlich sein, wie die Mütter mütterlich, wenn sie mit einem hilflosen Wesen konfrontiert sind. Eigentlich ist es unverständlich, daß diese Art der Liebe gegenüber dem Kleinkind fast nur Frauen überlassen wird. Das ist, wie man aus der Psychologie weiß, auch sehr schädlich: Die übermäßige Abhängigkeit von einem einzigen Wesen, der Mutter, schafft Unfreiheit, schafft Angst vor eigenen Aggressionen, Angst vor Trennungen, alles Ängste, die die Entfaltung der Persönlichkeit verhindern. Die notwendige »Abnabelung«, die altersentsprechend stattfinden könnte, wenn Väter von vornherein an der Sorge um ihre Säuglinge beteiligt würden, könnte dann viel problemloser stattfinden. Wenn sich die Abhängigkeit des Kindes auf zwei Menschen verteilt, machen eben seine natürlichen, oft aus Enttäuschungen stammenden Aggressionen keine überwältigenden Ängste mehr. Denn je abhängiger ein menschliches Wesen ist, um so leichter ist es zu enttäuschen. Nie wird man alle Wünsche eines Kleinkindes befriedigen können, es gibt darum immer einen Grund zur Unzufriedenheit und zu Aggressionen. Nur dann muß ein Kind unerträgliche Ängste vor seinen Aggressionen erleben, wenn sie nur einem Menschen gelten, und zwar einem Menschen, von dessen Liebe und Sorge es total abhängig ist. Wenn es dagegen zwei Menschen gibt, auf die es seine Abhängigkeit und Liebe, seinen Haß und seine Aggressionen verteilen kann, dann kann es sich innerlich sagen: Mama, du hast mich so enttäuscht, du kannst deswegen ruhig mal verschwinden, denn ich hab' ja noch Papa.

Ledige Mutter

Immer noch spricht man nur von einer »außerehelichen« oder von einer »ledigen« Mutter. Man spricht nie von einem »ledigen« oder »außerehelichen« Vater. In allen sogenannt zivilisierten Ländern ist das so.

Ich war, wenn Sie so wollen, eine »ledige« Mutter. Ich hab' den Vater meines Sohnes erst geheiratet, als mein Sohn 6 Jahre alt war. Heute ist der Personenstand »ledige Mutter« kein Anlaß mehr, eine Frau aus der Gesellschaft auszustoßen. Aber das hat sich erst vor kurzem geändert. Wohingegen der

»ledige« oder anderwärts verheiratete Vater ja meist unbekannt blieb.

Ja, es kann doch passieren, daß die Mutter ganz allein das Kind hat. Der Vater macht sich aus dem Staub.

So war es natürlich oft durch die Jahrhunderte hindurch. Ich habe kürzlich ein Interview mit der Tochter von Elisabeth Langgässer gelesen, das mich sehr beeindruckt hat. Sie war ein uneheliches Kind. Die Mutter war Halbjüdin, der Vater Jude. Sie war in ihrer frühen Kindheit sehr eng, ja fast »symbiotisch« mit ihrer Mutter verbunden. Als die Mutter dann einen anderen Mann heiratete, einen Nicht-Juden, mit dem sie drei Kinder bekam, wurde offenbar die überaus enge Beziehung zu ihrer ersten, von ihr allein erzogenen Tochter aufgehoben. Später wurde diese Tochter dann von der Mutter auch äußerlich getrennt und war, als Jüdin, einem schrecklichen Schicksal ausgeliefert. Sie hat jedoch Auschwitz überlebt, aber sie hat wohl die Beziehung zur Mutter nie wirklich wieder aufgenommen, die sie letztlich nicht zu beschützen vermochte und von der sie sich in zweifacher Hinsicht verlassen fühlte. Herausfallen aus einer »Symbiose« ist sicherlich für das Erlebnis eines Kindes ein schrecklicher Vorgang; das Gefühl des Ausgeliefertseins braucht sich nicht so real umzusetzen wie in diesem Fall, aber wird wohl mehr oder weniger immer vorhanden sein, wenn es niemand anderen als die Mutter gibt, die einen dann auffangen kann und dabei womöglich versagt.

Die Botschaft Jesu war weiblich

Ein gemeinsamer Aufsatz von Ihnen und Ihrem Mann trägt den Titel »Das sechste Gebot: Du sollst nicht ehebrechen«. Haben die Zehn Gebote des Alten Testamentes für uns heute noch einen Sinn, oder auch die Bergpredigt und überhaupt Religion und Frieden? In welchem Zusammenhang stehen sie zueinander?

Das sind natürlich Fragen, die schwer zu beantworten sind, und schon gar in der hier gebotenen Kürze. Die Zahl der im Namen der christlichen Kirche begangenen Grausamkeiten, Kriege, Verfolgungen und Verwüstungen ist bekanntlich Legion. Natürlich stellte ursprünglich der Jude Jesus Christus neue Werte auf, die neue Paradigmen des Denkens und Fühlens einleiteten. Für ihn sollte »Auge um Auge, Zahn um Zahn« nicht mehr oberstes Gesetz des Handelns sein. Nicht Rache und Vergeltung, sondern Einfühlung in den Nächsten und Liebe sollten die Brutalität des menschlichen Umgangs miteinander ändern helfen. Aber gerade an der Entwicklung der christlichen Kirche sieht man, daß Liebe, Einfühlung sich schlecht mit Macht vertragen, einer Macht, die bekanntlich voll in den Händen von Männern lag. Auch Christus war ein Mann, der zum Begründer einer Religion wurde, die, wie auch die jüdische, eine patriarchalische Religion war, in der Frauen wenig Achtung und Beachtung finden konnten. Ich könnte mir vorstellen, daß Christus ursprünglich versuchte, eine Weiblichkeit im Sinne der Einfühlung, im Sinne des Nicht-Zurückschlagens und der mütterlichen Sorge Schwachen gegenüber als neuen christlichen Wert einzuführen. Wenn ihm das noch besser gelungen wäre, hätte vielleicht damals schon die Zukunft weiblich sein können, und die Geschichte hätte sich anders entwickelt. Die Idee der Aufopferung, weil es der Vater so befahl, hat ihm wahrscheinlich einen Strich durch die Rechnung gemacht.

Christus hatte bekanntlich viele Frauen um sich, auch wenn seine Jünger nur Männer waren. Aber dennoch war seine Kampagne im Grunde, wenn man so will, eine weibliche: Liebe deinen Nächsten wie dich selber, d. h. fühle dich in den anderen ein, gestatte ihm, daß er die gleichen Ambivalenzen und Fehler hat wie du selber etc. Oder auch: Liebe deine Feinde, d. h. erkenne, daß der Feind auch dein Nächster, nämlich du selber ist und daß du oft nur abgewehrte Anteile deiner selbst auf jenen projizierst. Hör auf, dich selber in Feinden zu verfolgen.

Das sind »weibliche« Verhaltensweisen, die im Urchristentum als neues Paradigma gesellschaftliche Verwirklichung finden sollten. Natürlich gab es dann immer noch den Übervater, dem man sich opfern mußte und der dadurch schließlich Hierarchie und Grausamkeit wieder in die Religion hereinbrachte.

Der Masochismus der Frau, die Selbstaufopferung als höchsten Wert anzusehen, steht im Zusammenhang mit einer Entwertung des eigenen Selbst und einer Kritiklosigkeit hierarchischen Kräften gegenüber. Schon im sechsten Gebot: Du sollst nicht ehebrechen, wird die alte Doppelmoral der Geschlechter wieder voll bestätigt. Für den Mann war nach wie vor der Ehebruch eine Selbstverständlichkeit, für die Frau eine Todsünde, die mit dem Tod bestraft wurde. Die »weiblichen« Werte, die Christus einzuführen versuchte, gingen dann auch in der christlichen Kirche sehr schnell wieder verloren, wo Frauenverachtung eine zentrale Rolle spielte. Die Macht wurde den Männern überlassen, und der menschliche Fortschritt, der im Christentum angelegt war, wurde dadurch wieder zunichte gemacht. Wenn Frauen, wie Christus in seinem Gehorsam einem Vatergott gegenüber, nach wie vor Männer zu ihrem Gott oder zu ihren Göttern machen und sich deren Werten und Wünschen unterordnen und aufopfern, wird sich in dieser Welt wahrscheinlich wenig ändern können.

Krieg und Frieden

Wo liegt Ihrer Meinung nach die größte Bedrohung des Friedens, und wo gibt es Chancen für den Frieden?

Die größte Bedrohung des Friedens geht m. E. von dem aus, was ich eben schon zu formulieren versuchte, nämlich von dem, was über Jahrtausende als männliche Werte und Tugenden angesehen wurde, wie »Heldentum« im Sinne der Idealisierung von männlicher Stärke und göttlicher Wahrheit, verbunden mit manichäischem Denken, rassistischen und sexistischen Vorurteilen. Mit dieser Art des Denkens und der ihm entsprechenden Psychologie, die sich von den größeren gesellschaftlichen Zusammenhängen bis in die kleinsten familiären Verästelungen auswirkt, sind Frauenverachtung, Rassismus, sind Kriege und Paranoia aufs engste verbunden. Sicherlich sollte man bei dieser psychologischen Sicht die wirtschaftlichen Realitäten nicht übersehen, denn auch für eindeutig wirtschaftliche Vorteile werden Kriege geführt. Europa und die USA – beide ein relativ kleiner Teil der Welt – haben mit Hilfe ihrer imperialistischen Kriege auf dem Rücken des größten Teiles der Welt den größtmöglichen Wohlstand dieser Erde für sich erobern können.

Das wären also die Bedrohungen für den Frieden; wo aber liegen die Chancen für den Frieden?

Vielleicht ist vereinfachend zu sagen, daß die Chancen des Friedens darin liegen, daß mehr als fünfzig Prozent der Menschen in der Welt Frauen sind, daß sich ihre Art des Denkens von dem der Männer immer mehr emanzipiert, so daß sie sich nicht mit dem hierarchischen, ausbeuterischen und projizierenden Denken der Männer identifizieren, sondern diese typisch männlichen Werte nicht mehr als Tugenden, sondern als Untugenden für sich und für andere zu entlarven vermögen. Haben wir als Frauen in diesem Jahrhundert nicht mit den beiden letzten Weltkriegen und mit millionenfachem Völkermord den Gipfel dieser sogenannten männlichen Tugenden miterlebt in unserem kulturell angeblich so hochstehenden Europa?

Aber in den Konzentrationslagern gab es auch grausame Frauen?

Ja, gewiß, seit jeher hat sich nicht nur Christus, sondern haben sich Frauen mit männlichen Idealen identifiziert und dazu beigetragen, daß diese weiterhin eine Welt zu deren eigenem Unglück beherrschten. Es geht mir nur darum, zu zeigen, daß es eben die Gesetze und die Denkart einer Männerwelt waren, die von den Nazis auf ihren perversen Höhepunkt getrieben wurden. Mir ist natürlich klar, daß sich auch Frauen mit dieser herrschenden Gewalt, diesen rassistischen Vorurteilen und diesem Verfolgungswahn identifiziert haben. Nur, ursprünglich geht Gewalt und Paranoia von Männern aus, und Frauen haben sich dem unterworfen. Auch heute noch identifizieren sich viel zu viele Frauen bedauerlicherweise mit diesen falschen männlichen Werten und handeln ihnen entsprechend. Damit möchte ich natürlich nicht vereinfachend das Gefühl aufkommen lassen, daß eine Frau von Natur aus gut und ein Mann von Natur aus böse ist. Was ist schon Natur? Wir alle werden von Geburt an, je nach der Kultur, in der wir aufwachsen, von bestimmten Werten und Tugenden, Verhaltensweisen und Rollenidentifizierungen beeinflußt, die richtig, aber auch außerordentlich falsch sein können und denen wir in unserer Kindheit mehr oder weniger hilflos ausgeliefert sind.

Sexuelle Freiheit

Was mich aber auch beunruhigt, ist folgendes: Seitdem wir die Pille haben, die ja in vielem hilfreich ist, besteht die Gefahr, daß Frauen ihre Freiheit extrem ausleben. Es scheint so, als ob sie sagen wollten, ich kann mich jetzt so verhalten wie ein Mann. Ich bin nicht mehr gefährdet. Das geht manchmal so ins Extreme, daß man fragen müßte: Wo bleibt da eigentlich ihre Würde? Es ist doch manchmal recht erschreckend.

Was ist da erschreckend?

Diese Zur-Schaustellung der Sexualität. Ich bedauere diese Frauen und denke: Mensch, ist dir das eigentlich bewußt, daß du etwas persönlich von dir weggibst, einfach so, weil du findest: jetzt habe ich das Recht, mich genauso zu benehmen wie ein Mann.

Gewiß, durch die Pille haben die Frauen ein großes Stück Freiheit gewonnen. Mit Hilfe einer Schwängerung konnten Männer bisher Frauen sich untertan machen. Heute können Frauen selbst bestimmen, ob und wann sie schwanger werden wollen. Das ist m. E. schon ein großer Fortschritt. Insofern war die Pille schon eine großartige Erfindung, übrigens von Männern, die vielleicht gar nicht wußten, was sie sich damit selber antaten. Aber sicherlich kann die Pille nicht nur Freiheit bringen, sondern auch erneute Abhängigkeit; Frauen haben nun sexuell stets zur Verfügung zu stehen. Wenn Frauen sich sexuell exhibitionistisch verhalten, wie Sie das beobachtet haben, tun sie ja nur, was Männer eigentlich von ihnen wollen. Sie sind, ohne es zu wissen, gesellschaftlichen Zwängen weiterhin ausgesetzt. Insofern verbindet sich der Zwang, unentwegt sexuell attraktiv sein zu müssen, für viele Frauen mit dieser neu errungenen Befreiung von unerwünschten Schwangerschaften.

Ist der Umgang mit sexueller Freiheit also eine Frage der Erziehung?

Und der Wertvorstellungen. In einer von Männern beherrschten Gesellschaft ist eine Frau doch nur etwas wert, wenn sie sexuell attraktiv ist. Auch deshalb sind die Frauen so, wie Sie es beklagen: exhibitionistisch und ewig und immer attraktiv. Es geht deswegen doch vor allem darum, daß Frauen sich ihrer Situation bewußt werden und lernen, die Art der eingefahrenen Geschlechterbeziehung kritisch zu durchleuchten.

Frauen aller Länder, vereinigt Euch!

Wie stehen Sie zu Frauenbewegungen und Frauenaktionen?

Ich bin mit der Frauenbewegung sehr verbunden, obwohl es natürlich etwas leichtfertig ist zu sagen: *die* Frauenbewegung. Mittlerweile gibt es darin sehr viele unterschiedliche Richtungen und kontroverse Vorstellungen von dem, was unter Feminismus zu verstehen ist. Wie schön wäre es, in den Ruf einzustimmen: »Frauen aller Länder, vereinigt Euch!« Aber so einfach ist das leider nicht.

Mit vielem stimme ich überein, mit manchem wiederum auch nicht. Jedoch es ist klar: ohne Frauen, die sich politisch zusammentun und aktiv werden, gäbe es keine Änderung herkömmlicher weiblicher Rollenfixierungen und keine zumindest gesetzliche Gleichberechtigung der Geschlechter. Ohne einen dauernden Kampf von Frauen gäbe es weder das Wahlrecht der Frauen noch eine langsame Liberalisierung und, wie zu hoffen ist, eine Abschaffung des Paragraphen 218. Natürlich steht die berufliche Gleichberechtigung wie auch die Gleichberechtigung in der Ehe vorläufig mehr oder weniger nur auf dem Papier. In Wahrheit ist die Frau immer noch zweitrangig und dem Manne untertan. Aber mit Hilfe der politisch organisierten Frauen ist schon einiges geschehen; ohne diese mutigen und kämpferischen Frauen hätte sich sicherlich in unserer Gesellschaft nie etwas geändert.

Die Folgen der Katastrophe von Tschernobyl treffen in besonderem Maße auch uns Frauen. Unsere Kinder sind einer verseuchten Zukunft aufgesetzt. Was halten Sie von meiner Idee, die ich gerne verwirklichen möchte, daß Frauen in Deutschland, in der Schweiz, in Österreich, in Frankreich einen ganzen Tag lang streiken für die Abschaffung der Atomkraftwerke? Also nicht nur eine Demonstration, sondern ein Streik!

Sie hoffen also auf eine weltweite Solidarität der Frauen untereinander im Kampf gegen den Wahnsinn der atomaren Rüstung und gegen die Gefahr der Atomenergie überhaupt?

Ja, mit Hilfe eben eines Warnstreiks. Die Verkäuferin würde nicht verkaufen, die Hausfrau nicht einkaufen, die Telefonistin nicht Telefongespräche verbinden, die Sekretärin ihrem Chef nicht mehr zuarbeiten; eben vor allem die Basis der Frauen würde einen ganzen Tag lang streiken.

Das wäre natürlich sehr schön und sicherlich wichtiger als ein sexueller Streik, wie ihn Aristophanes in seiner Komödie »Lysistrata« beschrieben hat. Denn diese Streikidee hat sich ja ein Mann ausgedacht, der sich nichts anderes vorstellen kann, als daß Frauen in ihrer Beziehung zum Mann eine Bedeutung haben.

Ich will gar nicht zu großartig denken; wenn es nur zwei bis drei Länder wären, die da mitmachten...

Sicherlich nicht einfach. Aber Ihr Verlag hat ja schon Bücher herausgebracht, die ähnliche Ideen verbreiten, und Sie hatten doch mit manchen dieser Bücher erstaunliche Erfolge.

Machtlos

Heute erwarten viele Männer von uns Frauen etwas für die Zukunft der Welt.

Das ist ja sehr schön, aber auch etwas naiv. Denn ohne politische Macht – und die wird den Frauen ja nach wie vor verweigert – haben wir Frauen ja in Wirklichkeit wenig Möglichkeiten, etwas zu ändern. Frauen können sich mit aller Kraft dafür einsetzen, zum Umdenken anzuregen. Auf der anderen Seite ist es wahrscheinlich so, daß wir am Ende einer von Männern bestimmten Entwicklung stehen und viele, Männer wie Frauen, sich darüber im klaren sind, daß ohne Änderung bisheriger Verhaltensweisen, »Tugenden«, psychischer Einstellungen etc. sich die Menschheit selber vernichten wird.

Ich möchte eine Frau zitieren, Olive Schreiner, die schon 1914 schrieb: »Der Krieg wird aufhören, sobald Bildung und Tätigkeit es der Frau ermöglicht haben, ihren Teil an Herrschaft und Einfluß im Leben der modernen Nationen zu erlangen. Er wird wahrscheinlich nicht früher verschwinden und kaum viel später. Insbesondere in der Domäne der Rüstung, des Militarismus, der Kriege haben wir, die wir die Männer gebären und damit das wertvollste Kriegsmaterial liefern, unser Wort dreinzureden, ein Wort, das kein Mann zu uns sprechen kann. Die Ausbeutung der menschlichen Arbeitskraft – von der wir ja heute so viel reden – ist männlich.« Wo sehen Sie die Möglichkeiten zur Verwirklichung einer von Frau und Mann gemeinsam geprägten Welt?

Jeder, ob Mann oder Frau, der sich dessen bewußt ist, daß Gewalt und Paranoia die Grundlagen der meisten Kriege sind, daß Einfühlungslosigkeit und Gefühlsabwehr im wesentlichen als »männliche Merkmale« anzusehen sind, wird die »Werte« und Verhaltensweisen der jetzigen, von Männern bestimmten Welt ablehnen. Nur wenn andere Werte den bisherigen gegenübergestellt werden – und dazu sind vor allem Frauen prädestiniert –, werden wir den drohenden Kreislauf einer Zerstörung und Selbstzerstörung, verursacht durch Gefühlsinfantilität und Projektionsneigungen, durchbrechen können. Denn nur dann kann ein Mensch erwachsen werden, wenn er sich in andere einfühlt und wahrnimmt, daß der andere anders ist und denkt, als er es vorurteilsblind glaubt. Und ein erwachsener Mensch macht keine Kriege. Ein erwachsener Mensch wird sich auch nicht so leicht seinen Kränkungen hingeben, seinen Haß aufgrund dieser Kränkungen projizieren, sein Verhalten von Rachebedürfnissen lenken lassen.
Es scheint mir fraglos zu sein, daß Frauen manches ändern könnten, wenn sie tatsächlich die Gesellschaft mitbestimmten und sich für den Lauf der Welt verantwortlich fühlten. Nur, wie schafft man das? Es hat immer revolutionäre und mutige

Frauen gegeben, wie wir das in der Französischen und anderen Revolutionen vielfach wahrnehmen konnten; doch was hat uns das gebracht? Der Revolution folgte die Restauration auf dem Fuße. Napoleon, der anfänglich für die Revolution kämpfte, krönte sich schließlich selbst zum Kaiser. Im Code Napoléon wurden alte männliche Gesetze neu belebt, wurden die von und für Frauen mühsam errungenen Freiheiten wieder rückgängig gemacht. Ohne die Solidarität kämpferischer Frauen werden wir kaum etwas erreichen können. Christa Wolf hat darauf aufmerksam gemacht, daß es darum geht, die patriarchalische Umwertung der Werte wieder rückgängig zu machen, wie sie schon in der frühen Mythologie der Griechen wahrzunehmen ist. Niemals sei genügend gegen Aristoteles polemisiert worden, wenn er sagt: »Auch das Weib und sogar der Sklave können sittlich tüchtig sein, obgleich im allgemeinen das Weib ein geringeres Wesen als der Mann und der Sklave meistens geringwertig ist.« Diese Haltung hat sich natürlich sowohl im Judentum wie auch im Christentum bis heute fortgesetzt.

Geht das also auf den Ursprung der Menschheit zurück? Dieses Kriegerische, diese Machtvorstellung der Männer?

Das scheint doch sehr fraglich zu sein, denn der Mythologie und frühen künstlerischen Darstellungen ist zu entnehmen, daß es vor den patriarchalischen Werten und der Erniedrigung der Frau andere Zeiten und andere Werte gegeben hat, auch wenn sie sich historisch nicht belegen lassen. Wie auch immer, als biologische unverrückbare Tatsache kann es wohl kaum angesehen werden, daß die hierarchischen Wertvorstellungen des Mannes quasi naturgegeben gelten.

In der Tierwelt gibt es ja auch einige Arten, bei denen das Weibchen die Führungsrolle hat.

Nur, das menschliche Verhalten läßt sich nicht mit dem tierischen gleichsetzen. Die Erziehung, die Wertvorstellungen, die als gegeben hingenommen werden, formen und verformen es.

Man fragt sich auch, warum mit Kindern immer Kriegsspiele gespielt werden müssen; warum können es denn nicht Friedensspiele sein?

Nur sind Krieg und Frieden natürlich Begriffe, die miteinander verbunden sind. Man kann nicht Frieden spielen, wenn man nicht vorher Krieg gemacht hat. Auch glaube ich nicht, daß wir Menschen ohne ein gewisses Quantum an Aggression auskommen, mit der wir in der einen oder anderen Form leben müssen. Ein Leben ohne Enttäuschungen läßt sich übrigens kaum vorstellen, und auf Enttäuschungen werden wir immer entweder

mit Depressionen oder mit Aggressionen reagieren. Aggressiv zu sein, sich zu wehren, Auseinandersetzungen nicht zu scheuen ist oft viel besser als die Wendung der Aggression gegen das eigene Ich mit den entsprechenden depressiven Folgen.
Auch die Rivalität ist nicht aus der Welt zu schaffen; sie beginnt schon unter Geschwistern. Die Frage scheint mir vielmehr die zu sein: in welcher Form führt man diese Auseinandersetzungen, wie geht der Erwachsene mit seinen Aggressionen um? So wie der Mann es bisher getan hat – sie auf Sündenböcke zu projizieren, innere und äußere Feinde zu suchen, Kriege herbeizuführen –, das hat bei der technischen und wissenschaftlichen Entwicklung unserer Zeit katastrophale Folgen.

Narzißmus

Sie schreiben in dem Buch »Die friedfertige Frau« über den Narzißmus der Frau, daß sie dazu neigt, sich zu sehr selber zu reflektieren. Ist das ein weiblicher Zug, den Frauen ablegen müssen?

Ich sehe das, glaube ich, etwas anders. Es wurde zwar oft behauptet, Frauen seien narzißtisch und selbstbezogen, Männer sachlich und objektbezogen. Das ist m. E. ein Märchen. Männer interessieren sich aufgrund ihrer Erziehung für außerfamiliäre Probleme, z. B. für Macht; das nennen dann manche Analytiker »objektbezogen und sachbezogen«. Frauen seien weit mehr als Männer an ihrem Körper, ihren Kleidern, ihrer Wirkung auf andere interessiert. Dazu gehört auch, was Sie vorhin beklagten und was Sie als würdelos ansahen, daß Frauen sich mit ihrem Verhalten und ihrer Kleidung sexuell anbieten. Aber so sind wir doch als Frauen erzogen worden. Wenn wir nicht körperlich attraktiv sind, sind wir ein Nichts. Die Beschäftigung mit unserer Schönheit, unserer Attraktivität etc. ist nicht »naturgegeben«, wie das oft so schön heißt, sondern sie hat mit unserer Erziehung, mit unserer Stellung in der Gesellschaft zu tun. Männer verlangen quasi von Frauen, daß sie unentwegt sexuell attraktiv und schön sein sollen. So werden sie eben so, wie Sie es manchmal erleben. Frauen sind gewiß an sich nicht besonders narzißtisch; sie fügen sich nur bestimmten Wünschen und Wertschätzungen der Männer, um dann von denselben Männern gerade deswegen angeklagt zu werden.

Bei näherer Betrachtung muß man doch auch sagen, Frauen sind im Grunde im psychoanalytischen Sinn viel objektbezogener als Männer, weil ihnen allein die Rolle der Mutter zugeschoben wird, die ihnen vorschreibt, von sich selber abzusehen und sich in Schwache und Hilflose einzufühlen. Davon profitieren natürlich auch die zu ihnen gehörigen Männer, von denen Frauen sich häufig tyrannisieren lassen und deren Infantilität sie akzeptieren. Zahlreiche Frauen klagen darüber, daß sie sich von der Frauenbewegung nicht genügend anerkannt fühlen in ihrer Rolle als Frau und Mutter, die ihnen doch so viel Arbeit, Aufopferung und Hingabe abfordert. Aber darum geht es ja gerade, daß Hausfrauen und Mütter verstehen mögen, daß es nicht nur für sie selber, sondern auch für ihre Männer und Kinder ungut ist, wenn diese Rolle mißbraucht und ausgebeutet wird. Dadurch verhindert eine Frau nicht nur die Reifung eines durchschnittlichen Mannes und die ihrer Kinder, sondern sie verhindert auch die Reifung einer Gesellschaft, die sich von »männlichen Werten« in den Abgrund treiben läßt.

Ich möchte noch einmal auf die Frage der Ästhetik zurückkommen. Kann man etwas dagegen haben, daß Frauen sich gerne schön anziehen, um sich selber oder auch anderen eine Freude zu machen?

Natürlich nicht. Warum sollte eine Frau sich verbieten, was ihr Lust und Freude macht. Wenn es ihr Spaß macht, sich zu pflegen und gut anzuziehen, trägt sie ja nun weiß Gott nicht dazu bei – trotz Troja und Helena –, daß Kriege entstehen; im Gegenteil, man sollte meinen, daß sie für sich und ihre Umgebung eine angenehme Atmosphäre schafft. Es ist doch nun wirklich legitim, sich an fröhlichen Kindern, schönen und gepflegten Frauen und Männern zu erfreuen, auch wenn es sicherlich eine Art weiblicher Aufmachung gibt, die Frauen eher zu Puppen oder zu Sexualobjekten degradiert, statt sie zu kontaktfähigen Mitmenschen zu machen. Und natürlich kann Eleganz und Pflege auch zum Zwang werden, den eine dem Konsum unterworfene Gesellschaft ihren Frauen auferlegt.

Arbeitsteilung

Wo sehen Sie nun die Möglichkeit zur Verwirklichung einer von Frau und Mann gemeinsam geprägten Welt?

Dazu braucht man, glaube ich, neue Männer, die anders erzogen sind, andere Vorstellungen von Männlichkeit und männlichen Werten haben, als es bisher der Fall war. Allerdings wird die Mehrzahl der Männer ihr Gefühl der Überlegenheit, ihre Herrschaft über Frauen kaum freiwillig aufgeben. Darum muß man eben als Frau kämpfen.

Wie können wir es Frauen und Männern ermöglichen, gemeinsam Wirtschaft und Privatleben wieder zusammenzubringen? Mit einer neuen Einstellung zur Arbeit und Freizeit? Müßte nicht sogar eine neue Wirtschaftsordnung geschaffen werden?

Wahrscheinlich, aber eine echte Alternative zum Kapitalismus gibt es ja bisher wohl noch nicht, die müßte erst erdacht werden. Nur wenn die Frauen tatsächlich die Hälfte der Macht übernähmen – aber das ist natürlich auch eine Utopie –, könnte man sich vorstellen, daß sich damit auch die Wirtschaftsordnung Schritt für Schritt verändern würde.

Eine Möglichkeit wäre doch, die Halbtagsarbeit vermehrt in die Wirtschaft einzubringen, so daß beide, Mann wie Frau, nur eine bestimmte Stundenzahl – etwa vier Stunden – in ihrem Beruf tätig wären. Das würde eine Umstellung der ganzen Wirtschaftsordnung bedingen und könnte gleichzeitig das Arbeitslosenproblem lösen. Die Frau müßte dann nicht mit vierzig bis fünfzig Jahren wieder in einen Beruf einsteigen, der ihr fremd geworden oder der ihr mittlerweile versperrt ist, sondern sie bliebe in ihrem Beruf.

Sicherlich wäre das sinnvoll, die berufliche Welt so einzurichten, daß eine Frau, auch wenn sie Kinder kriegt, in ihrem Beruf bleiben kann. Das müßte aber einhergehen mit einer Änderung der Erziehung und der geschlechtsspezifischen Rollenaufteilung. Das könnte auch die Selbstsicherheit der Kinder beider Geschlechter stärken. Der Junge wäre nicht nur dann etwas wert, wenn er sich mit Herrschaft, Macht, Erfolg identifiziert, und das Mädchen wäre auch dann etwas wert, wenn es den

Anforderungen der Männerwelt an Schönheit und Charme nicht entspricht. Beide könnten mit dem gleichen Interesse beider Eltern für ihre geistige, handwerkliche und charakterliche Entwicklung rechnen.

Für eine solche Arbeitsteilung sollte man sich also Ihrer Meinung nach stark machen?

Ja, ich glaube, daß eine andere Arbeitsteilung in der Familie, in der Gesellschaft grundlegend wichtig ist. Es wird sicherlich nie so mechanisch gleichbleibend vor sich gehen können wie: Frau vier Stunden, Mann vier Stunden. Es kann durchaus sein, daß eine Frau etwas mehr oder etwas weniger, ein Mann etwas mehr oder etwas weniger im Beruf und Zuhause tätig ist. Zwänge sollten auch hier die Situation nicht beherrschen. Aber als Prinzip sollte gelten: Beide sind in der Gesellschaft tätig, und beide teilen sich die Arbeit innerhalb der Familie. Das wären wichtige Grundlagen für eine menschlichere Gesellschaft.

Heute ist es aber noch so, daß der Mann tagsüber abwesend ist. Er sieht die Kinder erst abends, wenn sie schon im Bett sind. Und sein Berufsleben liegt meist weit außerhalb der Interessenssphäre der Frau oder der Kinder. Nur mit Hilfe einer Revolution ist es wohl möglich, daß Berufsleben und Privatleben wieder zusammengebracht werden, so wie es früher war, besonders auf dem Lande, bei den Bauern, in kleinen Betrieben, bei den Handwerkern usw.

Nur kann man natürlich nie zurück. Man kann nicht so tun, als ob es das technisch-industrielle Zeitalter nie gegeben hätte. Man kann nicht zurück zur Natur im Sinne von: alle werden Bauern, Handwerker, kleine Gewerbetreibende etc., bearbeiten wieder das Land, Fabriken gibt es nicht mehr etc. Das geht nun einmal nicht. Mit den Entdeckungen und Entwicklungen verändert sich, seitdem es eine menschliche Geschichte gibt, die Situation des Menschen. Und das kann man sicherlich nicht aufhalten. Die Frage ist wohl vor allem, wie bewußt und kritisch will man mit diesen Entdeckungen, Entwicklungen umgehen. Und da liegt bekanntlich manches im argen; man läßt alles so weiterlaufen, bis schließlich die Natur endgültig zerstört ist oder der Mensch sich selber vernichtet hat. Mit der Teilung der Macht zwischen den Geschlechtern hoffe ich auf mehr Vernunft und Kritik gegenüber bestehenden Verhaltensweisen und Wertvorstellungen.

Können wir das Wort »Macht« nicht durch ein anderes ersetzen? »Einfluß« wäre vielleicht besser. Das Wort »Macht« gerät ja so leicht in die Nähe von Gewalt und Hierarchie.

Also sagen wir so: Wir möchten uns wünschen, daß die Sorge um die Gesellschaft und die Sorge um die Familie beide, Mann und Frau, mit gleichem Verantwortungsbewußtsein tragen. Daß beide gleichen Einfluß besitzen, um das durchzusetzen, was sie glauben, verantworten zu können.

Selbstvertrauen

Wie kann man denn Frauen mehr Mut zur Verantwortung geben, mehr Selbstbewußtsein, mehr Selbstvertrauen, mehr Bewußtsein ihrer Würde? Wie macht man das?

Ich glaube, das kann man gar nicht »machen«; das können die Frauen sich wahrscheinlich nur selber geben, z. B. durch Nachdenken, indem sie sich zunehmend darüber Gedanken machen, wie sie sich ihren Männern, sich selber, anderen Frauen und der Gesellschaft gegenüber verhalten. Gedanken auch darüber, was die Folgen ihres Umgangs miteinander, ihrer Art der Erziehung etc. sein können. Besonders wichtig scheint es mir, daß Männer wie Frauen sich der Wertvorstellungen bewußt sind, aufgrund deren sie handeln, sich verhalten, erziehen. Wie man sich im einzelnen, bei sich selber, im Beruf, in der Familie und im Umgang der Geschlechter untereinander der Bestimmtheit durch Werte bewußt wird, das ist eine sehr differenzierte, mehr oder weniger nur vom Individuum zu leistende Aufgabe. Es ist ja im übrigen nicht nur so, daß der Mann sich vor der Sorge um die Kinder drückt, es ist ja auch häufig so, daß es Frauen trotz aller Arbeit im Hause einfacher erscheint, ausschließlich Frau und Mutter zu sein, weil ihnen die außerfamiliären Aufgaben unbekannt sind und ihnen Angst machen. Ich weiß ja auch, wenn ich irgendwo hinfahren soll und ich kenne den Weg, dann fahre ich gern hin; wenn ich den Weg nicht kenne, ihn erst suchen muß, mich verirren kann, dann scheue ich mich davor.

Ist die Frau von Natur aus weniger draufgängerisch?

Das weiß ich nicht. Ich denke, das hat auch viel mit Erziehung zu tun. Der Mann wird von vornherein dazu erzogen, einen Beruf zu erlernen, für ihn ist es unumgänglich, in die Gesellschaft hinauszugehen. Für die Frau heißt es oft: Laß das, bleib zu Hause, dein eigentlicher Beruf ist die Familie, Muttersein, Kinderhaben und -erziehen etc. Sie wissen das ja alles selber. Dann wechselt eine Frau von ihrer ursprünglichen Familie in eine andere über, ohne je mit außerfamiliären Verhältnissen vertraut geworden zu sein. Und das ist sicherlich falsch. Denn es ist nicht nur gesellschaftlich notwendig, daß sich die Frau einmischt, es ist auch für das eigene Selbstbewußtsein notwendig, daß man sich Fremdem, stellt, Neuem aussetzt, eventuell Gefahren auf sich nimmt etc. Wenn man das nicht tut, bleibt die Abenteuerlust, d. h. die Lust auf etwas Neues, auch Neues zu denken und Neues zu sehen, zu erkennen, wahrzunehmen, unentwikkelt oder nur eine Sache der Phantasie.

Geborgenheit

Man müßte aber sicherlich eine Form gemeinsamen Berufs- und Familienlebens finden, wo sich ein junger Mensch – auch wenn beide Eltern berufstätig sind – geborgen fühlen kann. Ich denke jetzt an die Not der sogenannten Schlüsselkinder, an junge Drogensüchtige und an ähnliche sich verlassen fühlende Jugendliche.

Dabei brauchen sich die Kinder und Jugendlichen gar nicht allein zu fühlen, wenn beide Eltern berufstätig sind, im Gegenteil: wenn beide Eltern sich um die Kinder kümmern, können diese sich eher geborgen fühlen, als wenn nur ein Elternteil sich um sie sorgt.

Wann fangen solche Möglichkeiten an – etwa im Schulalter?

Nein, nein, das fängt schon im ersten Lebensjahr an, wenn beide Eltern sich dafür entscheiden, sich gemeinsam um die Kinder zu kümmern. Diese frühen Einflüsse und Prägungen haben weitreichende Folgen.

Wie bringt man die Eltern dazu, das einzusehen?

Wenn Frauen und Männer, die das erkannt haben, z. B. politisch tätig werden, können sie ihre Erfahrungen vielen vermitteln. Wenn Politiker als Folge ihrer Erkenntnisse die Forderung aufstellen, daß der Einfluß von Frauen dem der Männer entsprechen und daß beide sich in die familiären Pflichten teilen sollten, hätten wir schon einen Anfang gemacht.

Das wäre also ein zweiter Schritt. Wenn Frauen und Männer sich nicht nur darin einigten, in der Gesellschaft einen gleichwertigen Einfluß ausüben zu wollen, sondern auch entsprechende politische Konsequenzen aus dieser Erkenntnis zögen. Aber das müßte schneller vor sich gehen, um Schlimmes zu verhindern. Die Emanzipation der Frau müßte so schnell wie möglich weitergeführt werden.

Gewiß, es wäre höchste Zeit. Obwohl ich nicht glaube, daß das besonders schnell gehen kann; es gibt viele Widerstände bei Männern wie Frauen zu überwinden. Die Frauen werden nach wie vor dazu erzogen, daß für sie die »große Liebe«, Ehe und Kinder die Erfüllung ihres Schicksals bedeuten.

Wie sehen Sie den Weg dahin, daß Frauen echte Eigenständigkeit entwickeln können?

Zum Beispiel darin, daß sie von vornherein in der eigenen Erziehung spüren, daß sie auch als Frauen aus der ursprünglichen Familie heraus sollten und es nicht als Lebensziel ansehen, von einer Familie in die andere überzuwechseln.

Das heißt eben, auch aus der Familie, in die sie hineingeboren wurden?

Ja, natürlich. Es kann und darf nicht das Ziel einer Frau sein, wiederum nur eine neue Familie zu gründen, ohne weitergehende Erfahrungen gemacht zu haben. Um es zu wiederholen: Eine Frau muß endlich und endgültig wissen, daß sie für die Gesellschaft genauso verantwortlich ist wie für die Familie. Entsprechend muß der Mann genauso sehen, daß seine Verantwortung in der Familie liegt wie in der Gesellschaft.

Aber wer erzieht denn eigentlich? Das sind doch die Frauen.

Nein, nicht nur: die Gesellschaft mit ihren Wertvorstellungen erzieht. Die Frauen erziehen gemäß bestehenden Normen; mit denen identifiziert sich eine Frau und Mutter, und so drängt sie es dann ihren Kindern unbewußt entsprechend auf, ohne kritisch die gesellschaftlichen Normen und Werte in Frage zu stellen, die ja doch von Männern gemacht sind. Um es zu wiederholen: Bisher erziehen Frauen, das stimmt, aber sie erziehen nicht nach eigenen, kritisch durchdachten, sondern vor allem nach gesellschaftlichen Wertmaßstäben.

Frauen sind reifer

Wieso haben Sie das Gefühl, daß Frauen reifer und erwachsener sind als Männer?

Natürlich gibt es da individuelle Unterschiede. Ich spreche hier nur von einem Trend, der als typisch für Mann und Frau angesehen werden kann. Frauen sind insofern reifer, als sie sich von vornherein zurückzustellen lernen; sie werden zur Fürsorge für hilflose Wesen erzogen und lernen, sich auf diese Wesen einzustellen. Das pflegt ein Mann – mehr oder weniger bewußt – auszunutzen, und ehe sie sich versieht, wird die Frau auch zur Mutter des Mannes. Das ist natürlich absurd. Denn faktisch ist ein Mann, der z. B. Vater von Kindern ist, genauso erwachsen wie eine Frau und keineswegs hilflos. Appelle an die Mütterlichkeit der Frau sind also inadäquat und führen oft nur zur Infantilisierung des Mannes. Das heißt, die Frau behandelt dann ihren Mann, dem sie helfen sollte, sich als Erwachsener aufzuführen, wie ein Kind.

So daß sie sich gegenseitig Mami und Papi nennen?

Wie das so häufig ist, ja. Frauen können leicht eine Überfürsorglichkeit entwickeln und haben dann nur noch Babys um sich herum.

Weiblich

Was verstehen Sie genau unter dem Begriff »weiblich«?

Das kann ich nicht sagen, höchstens was so im allgemeinen darunter verstanden wird. Und darüber, denke ich, haben wir schon gesprochen. Aber um es zu wiederholen: Unter »weiblich« verstehen wir ganz bestimmte Eigenschaften, die sich bei einer Frau aufgrund ihrer Biologie und der damit verbundenen gesellschaftlichen Erwartungen und aufgrund ihrer Rollenfixierung ergeben. Aufgrund der Neigung der Frau, sich für Hilfsbedürftige einzusetzen, wird sie nicht selten ausgebeutet, oder aber sie infantilisiert die Menschen mit dieser Neigung. Dadurch kann die positive Eigenschaft Mütterlichkeit in einer falschen Weise benutzt werden.

Brauchen nicht beide, sowohl Frau wie Mann, eine gewisse Geborgenheit? Es ist auch für Frauen schwer, wenn sie allein in der Karriere, in der Berufslaufbahn stehen. Auch sie haben das Gefühl, nirgends sich anlehnen und aussprechen oder sich so geben zu können, wie sie tatsächlich fühlen oder zu sein glauben. Das wird nicht viel anders beim Mann sein.

Natürlich ist es schwer für eine alleinstehende berufstätige Frau, wenn sie niemanden hat, mit dem sie sich aussprechen kann. Vielen berufstätigen Frauen geht es so. Beruf und Familie zu vereinen ist nach wie vor schwer, vor allem, wenn eine Frau ihren Beruf ernst nimmt, wie es selbstverständlich von einem Mann erwartet wird. Die Doppelbelastung Beruf/Familie gerät bekanntlich oft an Grenzen der Kräfte von Frauen. Die Männer dagegen können ohne Schwierigkeiten Beruf und Familie vereinen, weil die Frauen ihnen die familiären Pflichten abnehmen und für ihre Sorgen ein Ohr haben. Aber das alles ist ja bekannt.

Wollen wir nochmals auf das »Weibliche« zurückkommen?

Ich verstehe unter »weiblich« eine mütterliche Haltung, einerseits gewachsen auf dem Boden der biologischen Realität, daß Frauen die Kinder in die Welt setzen, andererseits gezüchtet durch die von der Gesellschaft ausgehende Rollenverteilung. Der Frau allein wird die Aufgabe zugeschoben, ein hilfsbedürftiges Wesen zu versorgen und sich in dieses Wesen liebevoll einzufühlen. Das ist ein

Aspekt der Weiblichkeit, der mütterliche Aspekt. Ein anderer Aspekt, der natürlich mit dem ersten zusammenhängt, könnte so umschrieben werden: Eine Frau hat bescheiden und anschmiegsam zu sein, verständnisvoll, friedliebend und aufopfernd. Sie hat sich nicht in die Geschäfte der Männer zu mischen, sondern mit ihrer Meinung zurückhaltend umzugehen, wenn sie denn überhaupt eine hat, die von Männern ernst genommen werden kann.

Eine Frau ist ein Wesen, das, solange wir denken können, zu den Unterdrückten dieser Welt gehört. Aber das Wissen um die eigene Unterdrückung hat ihr oft auch eine besondere Kraft vermittelt, wenn es um die Einfühlung in Schwache und Abhängige geht. Weiblich ist also nicht nur die Bereitschaft zur Sorge und Unterstützung Hilfsbedürftigen gegenüber, sondern, aufgrund des Frauenschicksals, Einfühlung in Unterdrückte und Wissen darum, was Unterdrückung bedeutet. Sie kämpft nicht darum, Nummer Eins zu sein, sie ist es gewohnt, höchstens die zweite Stelle einzunehmen, was sie daran hindert, die für den Mann typische Rivalitätssucht wie auch seine Neigung zu einem narzißtischen Imponiergehabe zu teilen. Sie neigt weniger dazu als der Mann, den anderen für schuldig zu erklären und bekämpfen zu müssen, dessen Kränkungen in kriegerische Vergeltungen umzusetzen. Sie sagt sich viel eher: Bin ich nicht selber schuld? Ist es nicht wahr, was er oder sie mir gesagt hat? Habe ich mich wirklich so mütterlich liebevoll verhalten, wie es die Gesellschaft von mir fordert? Sie ist also jemand, der dazu neigt, die Schuld auf sich zu nehmen, auch dann, wenn sie sie gar nicht hat. Das verbindet sich oft mit einer Tendenz, sich selbstquälerisch in Frage zu stellen.

Als Folge ihrer jahrhundertelangen Unterdrükkung hat sie ein geringes Selbstwertgefühl, aber aufgrund ihrer Einfühlung in Unterdrückte kann sie mit einer tieferen und zäheren Motivation für die Unterdrückten kämpfen als der Mann. Wahrscheinlich nur mit der Übernahme solcher »weiblicher« Eigenschaften haben die gesellschaftlichen und politischen Umgangsformen noch eine menschliche Zukunft. Den kämpferischen Mut von Frauen zu aktivieren ist dringend notwendig, damit sie immer mehr dazu bereit sind, in die narzißtische und destruktive Männerherrschaft einzugreifen.

Es ist sicherlich undenkbar, daß eine Frau je das »Duell« erfunden hätte. Sie könnte sich nicht um der Ehre willen mit anderen duellieren, wie das die Männer früher machten.

Überhaupt sind all diese Ehrbegriffe sehr eng verbunden mit der eingeengt geistigen, »typischen« Haltung des Mannes. Er, als die Hauptsache der Welt, darf auf keinen Fall in seiner »Würde« oder »Ehre« verletzt werden. Die Würde und Ehre der

Frau dagegen durfte ad infinitum verletzt werden, es sei denn, sie stand in Beziehung zum Mann. Nur als Teil eines Mannes konnte sie ihre »Ehre« und »Würde« verlieren. Sonst hat sich kein Mensch um ihre Würde gekümmert. Aber wenn ein fremder Mann mit der eigenen Frau, die ja Besitz war, eine Beziehung hatte, dann gnade ihr und ihm Gott. Das alles läßt sich auch im sechsten Gebot gut nachlesen. Wenn überhaupt, mußte also nicht die »Ehre« der Frau verteidigt werden, sondern natürlich die des Mannes.

Könnte man sagen, daß in unserer Welt die Frau das Menschliche vertritt und diese Situation sich selbst und anderen bewußtmachen sollte?

Unter Menschlichkeit verstehen wir doch vor allem Einfühlung in andere, Verständnis für Andersdenkende, von sich selbst absehen zu können, nicht ewig beleidigt zu sein und glauben, zurückschlagen oder Rache üben zu müssen; darunter verstehen wir beispielsweise auch den Sinn für Hilfsbedürftige, z. B. für unsere Asylanten, für die Not mancher türkischen Familien und Kinder bei uns oder auch für das Elend der Millionen hungernder Kinder in der Dritten Welt.

Man müßte eine bewußte Grundlage schaffen, auf der sich Menschlichkeit aufbauen läßt, eine Grundlage, die wir bisher vielfach vermißten.

Menschlichkeit ist natürlich ganz anders durch die mittlerweile vielfach benannten Eigenschaften der Frau vertreten als durch die des Mannes, der sich duelliert, dessen oft absurde Gefühle um seine »Ehre« kreisen, mit der eine hierarchische Grundeinstellung verbunden ist. »Ehre« haben eben nur die Oberen zu verlieren; die der Unteren existiert quasi nicht. Deswegen ist die Zukunft weiblich, oder es gibt sie nicht, weil tatsächlich von den aufgezählten weiblichen Eigenschaften die Menschlichkeit abhängt. Wenn Männer weibliches Denken nicht integrieren, wird alles so weitergehen wie bisher. Dann muß man wohl damit rechnen, daß die endgültige Selbstvernichtung absehbar ist.

Sich andere Wertvorstellungen und Verhaltensweisen anzueignen ist im wesentlichen eine Sache der Erziehung. Ein Mann, dessen Werte um »Ehre«, »Würde« und Erfolg kreisen, ein so narzißtisch erzogener Mann kann einem natürlich im Grunde leid tun. Ein solcher als durchschnittlich anzusehender Mann hat nur eine sehr eingeschränkte, recht armselige Gefühlswelt. Viele seiner Empfindungen muß er verleugnen. Seine Selbstkritik und sein Humor sind entsprechend eingeschränkt, seine Verletzlichkeit hindert ihn daran, über sich selbst lachen zu können. Ein solcher Mann kann menschlich natürlich nur von »Weiblichkeit« profitieren. Aber sicherlich hat auch die durchschnittliche Frau anerzogene verbogene Verhaltensweisen und manches zu lernen:

z. B. ihre Aggressionen nicht immer gegen sich selber zu wenden und unter übermäßigen Schuldgefühlen zu leiden. Um es zu wiederholen: Gerade aufgrund ihrer Einfühlung in die Unterdrückten dieser Welt kann sie die so dringend notwendige Kampfeslust für Menschlichkeit aufbringen und vernünftiges Denken gegen Unterdrückung und falsche Ideale einsetzen. Eine bestimmte, traditionell verankerte deutsche Mentalität hat gezeigt, daß mit Hilfe falscher Ideale die grauenhaftesten Taten vollbracht werden können. Ich erinnere nur an die bekannte Rede Himmlers vor SS-Führern, in der er diese des Dankes der Nation und der Menschheit dafür versicherte, daß sie das Opfer der furchtbaren, aber unumgänglichen Aufgabe einer Ausrottung von Millionen Juden auf sich genommen hätten. »Dies ist ein niemals geschriebenes und niemals zu schreibendes Ruhmesblatt unserer Geschichte.«

Irgendwo habe ich gelesen: »Nur Frauen sind jetzt fähig, die Umwandlung der Welt durchzuführen.« Das würde also dem entsprechen, was Sie gesagt haben.

Paranoisch

Ja, die weiblichen Eigenschaften, von denen wir hier sprechen, verhindern, daß man überall Feinde sieht, die einen bedrohen und die man deswegen bekämpfen muß. Denn mit der Fähigkeit zur Einfühlung ist die Erkenntnis verbunden, daß andere Menschen genauso Menschen sind wie man selber. Man muß als Nation nicht Nr. 1 sein, denn die Nr. 1, die immer Nr. 1 sein will, wird die andere Nr. 1 als Bedrohung erleben und entsprechend paranoisch und narzißtisch auf sie reagieren oder sich einem »Führer« oder »Sieger« identifikatorisch unterwerfen.

Könnten Sie mir das Wort »paranoisch« noch kurz erklären?

Paranoia läßt sich mit Verfolgungswahn übersetzen. In der Psychiatrie gibt es Schizophrene, deren Krankheitssymptom der Verfolgungswahn ist. Das läßt sich durch vernünftige Argumentation nicht auflösen. Paranoia ist eine Form der Schizophrenie, die eine schwerwiegende Geisteskrankheit ist. Das heißt nun nicht, daß alle Männer, wenn sie ihre Aggressionen gegen angsterregende Autoritäten von diesen weg auf andere verschieben, sich Sündenböcke oder Feinde für ihre verschobenen Aggressionen suchen, geisteskrank im Sinne dieses psychiatrischen Krankheitsbildes sind. Wenn ich das Wort Paranoia in diesem Zusammenhang benutze, versuche ich Trends durchschnittlicher männlicher Reaktionen aufzuzeigen, also durchaus innerhalb des sogenannten »Normalen«. Als »normal« gelten ja auch die Befürworter von Aufrüstung und atomarer Verteidigung; auch Kriege gelten und galten immer als »normal«, wie auch Massenmord unter bestimmten Umständen von den meisten in keiner Weise als pathologische Reaktion empfunden wurde.

Ist der Titel »Die Zukunft ist weiblich« nicht doch etwas überheblich?

Ich glaube nicht. Wir könnten vielleicht sogar hinzufügen: Die Zukunft ist weiblich, oder es gibt sie nicht. Wir haben ja jetzt wiederholt beschrieben, was wir unter »weiblich« verstehen, und ich glaube, daß jeder vernünftige Mensch zustimmen muß, daß Einfühlung in den Nächsten, Gefühle für die Unterdrückten, Toleranz für Andersdenkende, die Neigung, für »die da unten« zu sorgen, statt sie zu besiegen und noch weiter nach unten zu stoßen – daß das alles Eigenschaften sind, die mit Kriegen, mit dem Aufbau von Feindbildern nicht vereinbar sind, daß sie geradezu zu einem entgegengesetzten Handeln drängen. Diese Eigenschaften sind es denn auch, die uns in eine bessere Zukunft führen können und nicht nur in eine kurzfristig erträgliche Gegenwart, in der einige Menschen im

Überfluß, die meisten anderen aber im Elend oder doch in der Dürftigkeit leben.

Partnerschaft

Ich zitiere aus Ihrem Buch: »Bei solch unterschiedlicher Einschätzung von dem, was den Wert eines Menschen, seine Reife und auch den Sinn seines Lebens ausmacht, werden sich Mann und Frau auch in Zukunft nicht über Form und Inhalt einer Partnerschaft einigen können. Sie werden sich weiterhin gegenseitig etwas vormachen. Nur wenn sich beide ihrer unkritischen geschlechtsspezifischen Vorurteile, ihrer Schwierigkeit des Verstehens und der schmerzlichen Verstrickungen bewußt werden und sich davon befreien, können sie in Zukunft vielleicht so etwas wie Partnerschaft und Gleichberechtigung realisieren und nicht nur auf dem Papier stehen lassen.« Sehen Sie da überhaupt Chancen, daß so etwas geschieht, und wie?

Bei der Art der Rollenverteilung, die es heute gibt, die von früh an durch Erziehung Mädchen und Jungen vermittelt wird, ist eine Partnerschaft kaum möglich. Denn ein Junge wird eben dazu erzogen, daß er sich behaupten soll, im Mittelpunkt stehen muß, daß er gewalttätig sein darf, wenn er angegriffen wird, und vieles mehr. Er kann dann leicht behaupten, er verteidige sich nur. Sehen Sie, das gilt auch im großen: Kein Staat hat ein Kriegsministerium, sondern sie haben alle Verteidigungsministerien. Das ist eine Verlogenheit, die überall herrscht. Sie können so scheinbar mit Recht ihre eigene Wut und ihre eigenen Aggressionen gegen sogenannte Rivalen und Feinde richten. Sie sagen: Wir Ärmsten, die anderen sind es ja, die uns angreifen. Immer der andere ist schuld. Das ist typisch für die Mehrzahl der Männer. Und das ist typisch für den männlich regierten Staat. So kann er Kriege vorbereiten, denn immer ist ja der andere schuld.

Aber kommen wir auf Ihre Frage zurück: Wie ist Partnerschaft zwischen Mann und Frau möglich? Ich meine, eine wirkliche Partnerschaft ist nicht möglich dort, wo der Mann bereits von früh an auf seine männliche Rolle und auf damit verbundene ganz bestimmte Verhaltensweisen dressiert wird und wo eine Frau dazu erzogen wird, immer wieder Schwache zu schützen, Schuldgefühle zu entwickeln, sich in die Opferrolle zu begeben etc. Solange diese Rollenverteilung innerhalb einer Gesellschaft besteht, ist eine Partnerschaft nicht zu verwirklichen. In solcher Gesellschaft und bei solcher Rollenverteilung kann sich in der sogenannten Partnerschaft nur stets das gleiche wiederholen: Männer neigen zu Gewalttätigkeit und Herrschsucht, Frauen zu Aufopferung und falscher Sanftmut. Die Frau pflegt auf dieses Spiel einzugehen und auch dort Mütterlichkeit zu entwickeln, wo sie überhaupt nicht notwendig ist, nämlich auch dort, wo es sich gar nicht um Hilfsbedürftige, sondern nur um Herrschsüchtige handelt.

Die meisten berufstätigen Mütter müssen zu Hause auch noch kochen, flicken und putzen, ihre Kinder von der Krippe oder vom Hort holen, sind am Abend todmüde, stehen früh wieder auf. Wenn sie klagen, hören sie nur: Eigentlich wäre ihre Aufgabe nur im Hause, sie müßten sich dort in Ruhe ihren Kindern widmen können. Dann gäbe es weniger drogen- oder alkoholsüchtige Jugendliche oder verwahrloste Kinder, und dann gäbe es auch weniger Jugendkriminalität.

Frauenleben – Roboterleben

Erstens möchte ich dazu sagen: Es muß die Aufgabe einer Gesellschaft sein, Frauen nicht in diesem Ausmaße zu überlasten, wie es eben von Ihnen geschildert wurde. Männer sollten es als selbstverständlich ansehen, bei den Kindern und im Haushalt mitzuhelfen, berufstätigen Frauen so beizustehen, wie das Frauen mit ihren berufstätigen Männern seit eh und je zu tun pflegen, d. h. dafür zu sorgen, daß berufstätige Frauen nicht dauernd an die Grenze ihrer Kräfte geraten. So ein Frauenleben, wie Sie es eben schilderten und wie es sicherlich vielfach zu beobachten ist, läßt Menschen zu einer Art Roboter werden. Daß die berufstätige Frau nicht so ausgebeutet wird, wie das im Osten und im Westen der Fall zu sein scheint, ist die Vorbedingung dafür, ein menschliches Dasein in Ehe und Familie führen zu können. Der Vorwurf, wenn die Mütter sich nur genügend um die Kinder kümmerten, gäbe es keine Drogenabhängigkeit und keine Kriminalität, wird gerade an solche Frauen gerichtet, die ihre Familie geistig und ökonomisch, in jeder Hinsicht bereichern und denen alle Familienmitglieder dahingehend helfen sollten, daß sie tatsächlich genügend Zeit haben für ihre Kinder und daß sie gleichzeitig ihren Beruf zur eigenen Befriedigung ausüben können. Letztlich ist das wahrscheinlich nur durch Arbeitszeitverkürzung für Mann und Frau möglich. Nur dann kann der Mann seine freie Zeit entsprechend nutzen, um seinen Teil an der Kinderversorgung und am Haushalt wirklich zu übernehmen.

Wohlgemerkt, die drogenabhängigen Jugendlichen sind keineswegs nur Kinder von Frauen, die beruflich und familiär überfordert sind, wie Sie das eben geschildert haben. Sondern – darüber sind genügend Erfahrungen bekannt – bei den Drogenabhängigen handelt es sich vielmehr oft um Jugendliche, zumindest in unseren Breitengraden, die aus bürgerlich-wohlhabenden Kreisen stammen, in denen die Mütter durchaus Zeit für ihre Kinder hätten. Es geht aber da gar nicht so sehr um Zeit. Sondern darum, daß diese Frauen keine innere Bereitschaft haben, vielleicht auch keine Fähigkeit, den Kindern wirklich zuzuhören. Gerade in solchen gut-bürgerlichen Kreisen, in denen Frauen nicht unter einem übermäßigen Arbeitsdruck stehen, kreisen manche von ihnen, die seelisch alleingelassen werden, narzißtisch um sich selber, wie die zu ihnen gehörenden Männer. Man hört ihnen nicht zu, und sie haben es verlernt, anderen zuzuhören. In Ländern mit großer Armut und mit Elend hat die Drogensucht sicher andere Ursprünge. In diesen Ländern dient die Droge der zeitweiligen Flucht aus dem Elend.

Aber wir sprechen hier ja nicht vom Elend der Dritten Welt, sondern über die Verhältnisse bei uns, also von einem eher seelischen Elend. In einer Wohlstandsgesellschaft – mag es darin auch die neue Armut und genügend Elend geben – sind die Drogenabhängigen meistens Kinder, die sich seelisch alleingelassen fühlen. In einer Familie, in der die Mutter sich vom Vater nicht verstanden fühlt, weil er sie gar nicht teilnehmen läßt an seinem Leben – sein Beruf erfüllt etwa 80 bis 90 Prozent seiner Zeit und seines Interesses –, ist die Atmosphäre geprägt von der Unzufriedenheit und der Langeweile einer Frau, die sich verloren fühlt und verlernt hat, zu kommunizieren. Entsprechend haben auch ihre Kinder vergessen, wie man das macht, oder es nie gelernt.

Ich erinnere mich an die schöne und treffend bebilderte Geschichte einer englischen Autorin, in der ein Kind versucht, seiner Mutter beizubringen, daß es langsam immer kleiner wird und sich zurückentwickelt, ohne damit bei der Mutter anzukommen. Die Mutter sieht, was geschieht, aber sieht es dann doch auch wiederum nicht, antwortet zerstreut auf die Mitteilungsversuche ihres Kindes, etwa so: »Ach ja, tatsächlich, wie schade. Wir werden noch etwas turnen. Geh doch noch etwas spazieren, dann wird es schon besser werden. Oder hast du vielleicht Hunger? Ja, natürlich, wir müssen nachsehen. Ja, ja. Nein, nein. Guck doch mal nach, ob mein Kleid ordentlich sitzt.« Das alles wird in Wort und Bild traurig und witzig zugleich geschildert. Das Beispiel eines Kindes, wie es so viele gibt, das trotz aller Anstrengungen seine Mutter nicht mehr erreichen kann; wir Erwachsenen, sagt uns die Autorin, haben einfach verlernt, zuzuhören. Dieses Aneinandervorbeireden kann die verschiedensten Ursachen haben. So kann es zum Beispiel auch die Folge einer überfürsorglichen Haltung der Mutter sein; sie hört dann nicht zu, sondern versorgt nur. »Ich will doch dein Bestes.« Das »Beste« wird dann dem Kind aufgezwungen. Davon hat das Kind natürlich gar nichts. Es will Verständnis für seine Probleme, es will als eigenständiges Wesen wahrgenommen werden und fühlt sich mißverstanden, ohne den Grund dafür den Eltern oder auch sich selber klarmachen zu können. Das Kind und später der Jugendliche verlernt es dann häufig, sich und seinen Problemen sprachlichen Ausdruck zu verschaffen.

Sind das nicht zwei Probleme? Das eine wäre die wirtschaftliche Umstrukturierung, damit Frau und Mann außer Hause weniger arbeiten müssen, um sich Hausarbeit und Kinderversorgung teilen zu können. Das andere Problem: auch wenn die Frau zu Hause ist und genügend Zeit hat, ist ihr oft die Fähigkeit verlorengegangen, mit ihren Kindern oder mit Mitmenschen überhaupt Kontakt aufzunehmen.

Worüber ich eben zu sprechen versuchte, waren nicht so sehr Frauen, die wirklich im krankhaften Sinne kontaktgestört sind, sondern eher Frauen, die enttäuscht sind von ihrem Leben, das sich mehr oder weniger ausschließlich um Haushalt und Kinder dreht. Wenn Kinder die einzigen Gesprächspartner sind, wird sehr viel an Aufopferung und Einfühlung verlangt, aber das eigene Denken liegt brach. Der Mann, wenn er abends nach Hause kommt, spricht kaum über seinen Beruf und das, was er am Tag erlebt hat. Er will Ruhe und Versorgung. Das Denken der Frau ist nicht gefordert. Was soll sie machen, um etwas Aufmerksamkeit auf sich zu ziehen? Wen verwundert es dann, wenn sich ihr übermäßiges Interesse vor allem, beispielsweise, der Mode, der Kosmetik etc. zuwendet, falls sie Zeit und Geld dazu hat, oder wenn sie sich depressiv verhärtet und das lebendige Interesse an ihren Mitmenschen und deren Problemen verliert und aufhört, zuzuhören.

Grüne Witwen

Könnte dabei nicht auch die heutige Wohnstruktur mit schuld sein? Man spricht von den »Grünen Witwen«, von Frauen, die weit draußen vor der Stadt leben. Der Mann pendelt hin und her. Und die Frauen sitzen und leben da wirklich wie gestrandet auf einer grünen Insel.

Gewiß, da kommt die örtliche Entfernung noch dazu. Aber das gibt es natürlich auch in Stadtwohnungen, wenn der Mann nur noch wenig Interesse an einem Gedankenaustausch mit seiner Frau hat und vor allem von ihr bemuttert sein will. Und da bleibt es sich dann völlig gleich, ob da noch ein paar Kilometer mehr oder weniger zwischen dem Ort des Berufes und dem des Wohnens liegen.

... oder dem »Schlafort«. Müßte man das nicht doch wieder ändern, diese Trennung zwischen Arbeitsort und Wohnort? Diese Trennung begünstigt die Entfremdung des Menschen sowohl vom Beruf wie auch von der Familie, fördert also gewiß nicht die menschlichen Qualitäten, von denen Sie gesprochen haben.

Opfersucht

Sicherlich fördert die Trennung von Wohnen und Arbeiten die bestehende geschlechtsspezifische Rollenteilung. Aber umgekehrt hat diese Rollenverteilung vielleicht auch zu der eben genannten Trennung von Arbeit und Wohnen beigetragen. Es gibt gleichsam eine Opfersucht der Frauen, die alles auf sich nimmt, ohne sich dagegen zu wehren. Das kann sogar mit Lust verbunden sein, wie das die Psychoanalyse gezeigt hat. Diese Sucht kann natürlich auch einfach eine Folge der Erziehung sein, ein Verhalten, wie wir das hier schon verschiedentlich betonten, in das man hineinrutscht und das man kaum noch verändern kann. Mit der Aufopferung demonstriert man dann sich und anderen, was für ein guter Mensch man ist. Daß es auch masochistische Männer und sadistische Frauen gibt, ist klar. Lust am Gequältwerden und Lust am Quälen können individuell bei beiden Geschlechtern vorhanden sein. Doch ist es von der gesellschaftlichen Rollenverteilung her gesehen eher so, daß der Sadismus oder die Ausbeutungsneigung männlich und der Masochismus und die Aufopferung weiblich sind.
Die Welt der Geschäfte und der Wirtschaft ist eine Welt für sich. Da pflegen Männer nur noch mit Männern umzugehen und Männer nur Männer ernst zu nehmen, auch als Rivalen. Dort wird die Männerwelt von der Frauenwelt radikal getrennt

– deswegen vielleicht auch die Trennung von Arbeit und Wohnen. Zu Hause wollen Männer regredieren; das ist eine für sie völlig andere Welt. Aber Frauen akzeptieren das. Auch wird das familiäre Leben trotz aller Idealisierung der Familie von seiten der naiven oder heuchlerischen Politiker eher als etwas Zweitrangiges angesehen, das man gar nicht so an die Öffentlichkeit bringen will. Die von den Frauen getrennte Welt der Männer ist für diese das einzig wirklich Ernsthafte. Da werden die meisten Interessen investiert. Das Zusammensein mit Frau und Kindern gilt als etwas Erholendes, aber jedenfalls als etwas leicht Verächtliches – Frauen vielleicht auch als etwas Ärgerliches.

Lust und Freude

Sie sprechen oft von »Lust«, »Freude«. Wenn die Zukunft weiblich ist, müßten wir sicher Lust und Freude viel stärker fördern, auch im Berufsleben. Man müßte mehr mit Phantasie und Kreativität arbeiten können. Sind das nicht auch Eigenschaften der Frau, die deshalb versuchen wird, einen Beruf auszuüben, der sie mit Freude erfüllt?

Ob das selbstverständliche Eigenschaften der Frauen sind, scheint mir doch sehr fraglich. Frauen, die dazu neigen, sich aufzuopfern und sich ausbeuten zu lassen, wie das über Jahrhunderte hinweg der Fall war, haben wahrscheinlich manchmal jede Möglichkeit verloren, Lust am Leben zu empfinden. Deshalb gibt es wohl auch bis heute mehr depressive Reaktionen bei Frauen als bei Männern. Der Mann kann sich immerhin »ausdehnen« in der Welt, er kann seine Männerwelt zum einzig Wichtigen überhaupt auf dieser Erde machen. Wenn man sich expandieren kann, geht das nicht selten mit Lust einher. Gleichzeitig sind diese Expansionen natürlich mit viel Aggression und zahlreichen Rivalitätskämpfen verbunden, auch mit viel Anspannung und wenig Lässigkeit. Die Lust, die ein Mann dabei empfindet, ist wohl eher eine aggressive Lust als eine schöpferische, spielerische, gelassene Lust. Die letztere findet man noch am ehesten bei künstlerischen Berufen, bei Handwerkern, vielleicht noch bei wissenschaftlichen Berufen, die mehr ihrem Denken verpflichtet sind als der Notwendigkeit, sich mit einem Rivalen zu messen. Aber sicherlich beherrscht Lust und Freude nicht die durchschnittliche männliche Berufs- und Arbeitswelt.

Da wäre also auch eine Aufgabe der Frau, das zu ändern?

O je, was Frauen nicht alles tun und ändern sollen! Aber es ist sicherlich eine Aufgabe von Mann *und* Frau, zu erkennen, daß das reine Leistungs- und Erfolgsstreben des durchschnittlichen Mannes eine ziemlich trostlose Angelegenheit ist. Eine Frau kann dazu beitragen, die Absurdität eines solchen Verhaltens aufzudecken, wenn sie ihrem Partner immer wieder die Frage stellt: Was zum Teufel hast du, haben wir davon, wenn du in dieser Leistungsgesellschaft dich total aufreibst, anstatt Lust und Liebe für uns aufzubringen, nachzudenken, Kreativität in die stagnierenden gesellschaftlichen Verhältnisse hineinzubringen, gegen Aufrüstung und ökologische Zerstörung anzutreten, Freundschaften zu pflegen und vieles mehr. Es geht auch darum, sich nicht ausschließlich auf die Familie zu konzentrieren, die durch einengende Rollen- und Charakterzuweisungen die kreative Entfaltung ihrer Mitglieder unmöglich machen kann. Die Familie ist oft in besonderem Maß von Rollenzwängen geprägt oder wird zu einem Ort des sich stets wiederholenden Gefälles sadomasochistischer Natur.

Rollenzwang

Sie sprechen von »Rollen«, von »Rollenverpflichtungen« und »Rollenzwängen«. Wir stecken aber alle darin. Und wir müssen heute schnell handeln. Wie kommt man freiwillig und schnell aus solchen falschen Rollen heraus? Sie sagen ganz richtig, es fängt bei Null an, also nach der Geburt eines Kindes. Wie können wir Mutter und Vater dahin-

gehend beeinflussen, daß sie ihre Kinder zu besseren »Rollen« erziehen?

Einerseits ist es sicher dringend notwendig, daß so etwas möglichst bald passiert; andererseits wissen wir, daß es sehr, sehr schwierig ist, aus Verhaltensweisen auszusteigen, die einem von Kindheit an beigebracht worden sind. Es gibt kein Patentrezept dafür, wie man schnell seinen zugewiesenen Rollen, auch seinen anderen durch Erziehung geprägten Verhaltensweisen, etwa dem Umgang mit sich selber oder dem Gefühl der Wertlosigkeit, dem Frauen so häufig ausgeliefert sind, entrinnen kann. Es ist zwar notwendig, sich von alten, eingeübten, vorurteilsbeladenen Gewohnheiten und Denkrastern zu befreien und das möglichst schnell zu tun. Aber wie? Wir können, glaube ich, nichts anderes tun, als immer und immer wieder darauf aufmerksam zu machen, daß hier Menschen Rollen aufgezwungen werden, die das Schicksal der Welt bedeuten können, weil sie dazu führen, daß alles so destruktiv weitergeht, wie wir das in Vergangenheit und Gegenwart allzu hautnah erlebten. Wir können kaum etwas anderes tun, als das Falsche dieser Rollenzwänge mit ihren verschiedenen Inhalten immer wieder darzulegen und darauf hinzuweisen, wo wir in falsche Bahnen geleitet werden, um uns dementsprechend von »typisch weiblichen« oder »typisch männlichen« Reaktionen zu befreien. Den Wiederholungszwang unse-

res Verhaltens können wir uns in der Tat nicht mehr leisten.
Es ist klar: die falschen Wertvorstellungen, Ideale und Vorbilder, Rollenzwänge und sich stets wiederholenden Denkraster sind eine tödliche Bedrohung für die Menschheit, aber ein Patentrezept, wie das möglichst schnell zu ändern wäre, habe ich leider nicht.

Heute gibt es nun glücklicherweise schon Frauen, die in eine Chefposition hineinkommen, etwa als Chefärztin oder Managerin oder Direktorin. Könnten diese nicht etwas ändern?
Allerdings kenne ich persönlich keine Frau in einer solchen Position, die nicht noch mehr auf Leistung schaut als Männer, da sie sich sagt: Ich muß das noch viel perfekter machen als ein Mann. Ich muß mich noch viel mehr bewähren. Die sich also in einer denkbar großen Spannung befindet: Es darf ja nichts schiefgehen, weil sie genau weiß, daß man dann sagen wird: »Aha, typisch Frau.« Dann unterliegt sie aber den gleichen Zwängen wie ein Mann, vielleicht noch mehr, wenn sie glaubt, immer mehr leisten zu müssen als ein Mann, um sich behaupten zu können.

An zweiter Stelle

Dazu ist zuerst einmal zu sagen, daß weniger als ein Prozent der Frauen leitende Stellungen einnimmt. Wenn Frauen nach oben kommen, befinden sie sich meistens allerhöchstens an zweiter Stelle. Und es ist wiederum ein gesellschaftlicher Zwang, daß eine Frau, je höher sie steigt, um so mehr leisten muß im Verhältnis zum Mann, noch perfekter, noch tüchtiger, noch einfallsreicher zu sein hat als ein Mann, um sich als Frau in einer Spitzenposition halten zu können. Das ist eine gesellschaftliche Realität, die auch dazu führt, daß diese Positionen wirklich nur von Frauen gehalten werden können, die sich voll mit der Männerwelt identifiziert haben, mit deren Ordnungs- und Leistungsstreben, und die gleichzeitig noch ein Stück besser sind als diese. Sonst sind sie in der Tat erledigt.

Aber das ist ja genau das Gegenteil von dem, was wir als Veränderungen anstreben. Siehe Frau Thatcher.

Ich meine, auch da geht es wesentlich um Bewußtmachung. Es geht darum, daß eine Frau sich bewußtmacht, daß sie, um eine führende Rolle zu haben, zwar engagiert sein muß, aber verloren ist, wenn sie sich den männlichen Verhaltensweisen völlig anpaßt. Nur indem sie einer solchen Anpassung zu widerstehen vermag, kann sie ihren Einfluß dazu benutzen, um festgefahrene Verhältnisse zu ändern. Es wäre ihr dann beispielsweise möglich, in einem Krankenhaus, in einer Fabrik oder in irgendeiner anderen Institution ein anderes, menschlicheres Klima zu schaffen, das lässiger ist, das mehr Zeit für Verständnis untereinander erübrigt, in dem produktive Gespräche geführt werden können, um dadurch zur Entwicklung neuer Ideen beizutragen. Wo Streß herrscht, gibt es keine Kreativität. Also wenn eine Frau ihre Führungsposition dazu benutzen würde, weibliche Eigenschaften, wie wir sie oben beschrieben haben, auch in ihre Institution oder in den Betrieb hineinzubringen, dann könnte sie ein weit produktiveres Klima erschaffen, als das in einem durchschnittlich männlichen Milieu zu gedeihen vermag. Wenn sich aber eine Frau – und dieser Gefahr ist schwer zu entgehen in einer von Männern beherrschten Gesellschaft, in der höchstens ein Prozent Frauen in höhere Stellungen gelangt – mit den typisch männlichen Verhaltensweisen identifiziert und sie nur noch perfekter entwickelt als er, nutzt es natürlich wenig, wenn Frauen führende Positionen innehaben. Ich kenne aber viele Frauen, die da anderer Meinung sind und die glauben, es würde sich schon dadurch etwas ändern, daß genügend Frauen Einfluß bekämen, wie und wo auch immer. Denn ganz so narzißtisch, ganz so auf sich selbst bezogen könne eine Frau niemals sein oder ganz so nur dem eigenen Erfolg nachstreben.

Denn sie hat meist schon als Kind gelernt, auch anderen zuzuhören oder sich in andere einzufühlen. Sie hat auch gelernt, daß das männliche Imponiergehabe etwas ist, worüber man lachen kann, was nicht unbedingt ernst genommen werden muß. Also eine Frau in leitender Stellung, mag sie noch so identifiziert mit männlichen Zwängen sein, wird vielleicht doch im großen und ganzen etwas gebrochener sein, was Rivalitäts- und Erfolgssucht betrifft, als der Mann.

99 Prozent Männer

Das heißt aber auch, daß Frauen meistens überhaupt nicht in solche Stellungen kommen.

Natürlich ist das eine seltene Ausnahme. In China hat man versucht, die Situation für Frauen zu verbessern, und da ist sicherlich auch Wichtiges geschehen. Aber an erster Stelle stehen auch dort die Frauen so gut wie nie. Auch in Rußland stehen sie bekanntlich kaum je an erster Stelle. In den höchsten politischen, wirtschaftlichen oder wissenschaftlichen Gremien überall in der Welt befinden sich zu 99 Prozent nur Männer.

Also scheint es, daß fast nichts zu ändern ist?

Man darf nicht aufgeben. Ich meine, das Leben an sich hat ja keinen Sinn. Jeder von uns muß dem Leben selber einen Sinn geben. Und wenn man sieht – und das tun immer mehr Frauen –, daß der Lebenssinn, der ihnen aufgezwungen wurde, ein falscher war, Fehlverhalten verursachte oder zu Katastrophen führte, dann werden Frauen sicherlich immer kritischer und aktiver werden, was eben »Lebenssinn«, Rollenzwänge und »Werte« betrifft. Ich denke schon, daß Frauen zunehmend erkennen, daß der Sinn, den die Männer dem Leben bisher oft gegeben haben, nicht selten zerstörerisch war und daß es jetzt an den Frauen liegt, mit dem Lebenssinn kritisch umzugehen. Ich habe also die Hoffnung noch nicht aufgegeben, daß andere Lebens- und Verhaltenseinstellungen, andere Werte zum Zuge kommen, obwohl natürlich jeder von uns aufgrund seiner Lebenserfahrungen, der vielen Enttäuschungen, die er hat einstecken müssen, weiß, daß schnelle und durchgreifende Verhaltensänderungen und kritische Einstellungen bisherigen »Werten« gegenüber so leicht nicht zu haben sind.

Frauen können fast überall wählen und abstimmen. Damit war eine große Hoffnung verbunden und auch eine Möglichkeit geschaffen, daß Frauen eine Veränderung in vielen Dingen hätten herbeiführen können. Die Stimmenthaltung der Frauen, z. B. in der Schweiz, ist aber jetzt genauso groß wie die Stimmenthaltung der Männer. Man kann also sagen, die Frauen haben nicht das Gefühl, daß sie Verantwortung tragen für die Gesellschaft, in der sie alle leben. Darin unterscheiden sie sich also nicht von den meisten Männern. Wie könnte man Frauen zur Einsicht bringen, daß sie hier eine sehr wichtige Aufgabe haben?

Gewaltlose Revolution

Wissen Sie, wir haben gewiß genügend Grund zum Pessimismus. Wenn man die Realität der Durchschnittsbürger – Mann oder Frau – ansieht und weiß, wie schwer diese dazu zu bewegen sind, sich in ihrem Denken und ihrem Verhalten zu ändern, neue Wege zu finden, dann kann man sehr schnell resignieren. Auch in unseren parlamentarischen Demokratien, in denen wir unsere Stimme einbringen können, greift die Mehrheit meist auf vorgegebene Rollenmuster, auf alte überholte Traditionen zurück. Und wer in der Politik die Mehrheit hat, gewinnt natürlich. Mit neuen Vorstellungen kriegt man so leicht eine Mehrheit nicht hinter sich. Wenn auch die Demokratie die beste Staatsform ist, die wir haben, so ist auch sie oft zu schwerfällig in ihren Änderungsmöglichkeiten. Doch es gibt auch Zeichen und Wunder. Nicht alle Menschen halten am Alten fest aus Angst vor allem Neuen, mit dem sie bisher noch keine Erfahrung gemacht haben. Gewiß, jede Revolution ist meistens mit viel Elend, mit Grausamkeit, mit Absolutheitsforderungen, die nicht eingelöst werden können, verbunden. Auch die Französische Revolution war gewiß kein Zuckerlecken, aber verglichen mit dem, was vorher war, mit der hierarchischen Gesellschaft, in der nur ein kleiner Prozentsatz, der Adel, angenehm leben konnte und nicht hungerte, hat diese Revolution doch ein neues Zeitalter eingeläutet, in dem es wesentlich demokratischer zuging als vorher. Und ich denke, je mehr Menschen sich darüber im klaren sind, daß es so wie bisher nicht weitergehen kann, ohne daß das Ende der Menschheit in absehbare Nähe rückt, wird doch eine Revolution, in welcher Form auch immer, möglich. Wie kann man z. B. gewaltlos Revolutionen herbeiführen? Gewalt war bisher immer Sache der Männer und nicht Sache der Frauen. Also wie wollen Frauen gewaltlos Revolution machen? Oder zu welcher Form der Gewalt – darüber kann man gar nicht genug nachdenken – können Frauen greifen, um eine Veränderung, die offenbar sonst nicht zu haben ist, in Gang zu setzen?

Mit Streik! Um nochmals zurückzukommen auf meine Idee eines passiven Streiks gegen die Atomkraftwerke, also zur Abschaffung der Atomkraft nicht auf lange Sicht hin, sondern zur sofortigen Stillegung: Glauben Sie nicht, daß das ein Beginn wäre? Man kann ja nicht mit so einem Streik sämtliche Forderungen zugleich durchsetzen. Man müßte eine konkrete Forderung stellen und die durchzusetzen versuchen. Das wäre doch ein Zeichen, daß man so langsam auch andere Dinge verändern könnte.

Ich bin kein Utopist in dem Sinne, daß ich mir Illusionen mache. Einerseits glaube ich nicht, daß Verhaltensänderungen und gesellschaftlich außerordentlich zähe Prozesse sich schnell verwirklichen lassen. Andererseits sieht man im Lauf unserer Geschichte manchmal doch unerwartete Änderungsvorgänge. Diese waren jedoch so gut wie immer mit Gewalt verbunden. Und davor schrecken wir als Frauen natürlich zurück.

Aber Martin Luther King hat z. B. keine Gewalt angewendet und ist trotzdem zu seinem Ziel gekommen, zur Aufhebung der Segregation in den Schulen, in den Autobussen...

Ich bin auch nicht Pessimistin und bin nicht resigniert. Ich denke: »Steter Tropfen höhlt den Stein.« Man muß immer wieder zeigen, was für falschen Wertvorstellungen beide Geschlechter nachgehen. Und wie trostlos die Situation wirtschaftlich, ökologisch, menschlich geworden ist, vor allem in der Dritten Welt. Man muß Menschen immer wieder gleichsam ein Stück »Aufklärung« im besten Sinne des Wortes anbieten. Schließlich spielte die Aufklärung längst vor der Französischen Revolution eine wesentliche Rolle und hat diese überhaupt erst ermöglicht. Was wir beabsichtigen, ist auch eine Revolution. Wir wissen nur noch nicht, mit welchen Mitteln wir sie in Gang bringen können. Außer mit dem Mittel der »Aufklärung«, was wir ja auch mit diesem Interview beabsichtigen. Wir versuchen, so viele Frauen wie möglich zu erreichen, damit sie sich über ihre oftmals falschen Verhaltensweisen, falschen Rollenfixierungen, falschen Erziehungsideale und falschen Tugenden immer klarer werden. Damit sie von ihrem Wahlrecht Gebrauch machen, um Veränderungen zu beschleunigen. Auch da gibt es natürlich verschiedene Ansichten: Simone de Beauvoir, beispielsweise, wählte nicht, aus Protest, weil sie sich sagte, indem ich mich an einer Wahl beteilige, erreiche ich ja sowieso nichts. Sie hat auch Mitterrand nicht gewählt, obwohl ihr die Sozialisten nahestanden. Sie ist nie einer Partei beigetreten.

Simone de Beauvoir

Simone de Beauvoir wäre also auch eines der Leitbilder, nach denen ich am Anfang gefragt habe?

Simone de Beauvoir war ja eine hochbegabte und erstaunlich kreative Person. Eines ihrer autobiographischen Bücher trägt den Titel »Tochter aus gutem Hause«. Das war ironisch gemeint. Sie stammte aus einer nicht sehr alten, aber doch adligen Familie und aus einem vormals reichen, später aber verarmten großbürgerlichen Haus. Ihren Eltern ging es zeitweilig sehr schlecht, sie lebten in einer traurigen, dunklen und unhygienischen Wohnung. Ihre Eltern waren Absteiger und, wenn man so will, ins Kleinbürgertum abgesunken, das sie gleichzeitig wegen seiner angeblichen Vulgarität verachteten. Der Vater war voller Ressentiment, schimpfte auf die Intellektuellen und natürlich auch auf die Juden; der Grund: Er selber blieb in seinem Leben ohne Erfolg, was seine Anmaßungen und Größenphantasien nur noch steigerte. Dennoch war er ein intelligenter Mann, der in Simone das Interesse für Lesen und Schreiben erweckte und ihre Lust an der Schauspielerei förderte. Nun zu Ihrer Frage: Ist sie ein Leitbild? In vielem sicher, denn man soll sich vor Vorbildern hüten, die zum Idealisieren auffordern und einem das eigene Denken ersparen. Und das tat sie gewiß nicht. Sie hat sich immer wieder mit ungeheurem Fleiß neue Kenntnisse angeeignet, war stets fähig, um- und neu zu denken. Darin glich sie Sartre. Beide waren besessen davon, intellektuell zu erfassen, was die Welt in Gegenwart und Vergangenheit bewegte. Simone hat gleichzeitig dafür plädiert, daß Frauen männliches Denken und männliche Eigenschaften entwickeln sollten, um sich besser durchzusetzen und zu verwirklichen. Sie hat weniger wahrgenommen, daß es weibliche Werte gibt, die der Nummer Eins in unserer Gesellschaft, dem Mann, recht wohl anstehen würden und die Gesellschaft ändern könnten. Sie hat viele der männlichen »Werte« zu wenig relativiert. Sie hat sich zwar amüsiert über manche Verhaltensweisen von Männern, auch die von Sartre, z. B. über seinen fast zwanghaften Don-Juanismus, dem er ein Leben lang erlegen war. Aber sie hat die Verrücktheiten, die Rücksichtslosigkeiten und Egozentrismen von Sartre nie als »typisch männlich« in Frage gestellt. Vor allem bewunderte sie ihn und war von seinen zweifellos vorhandenen kreativen geistigen Fähigkeiten so überzeugt, daß ihr einerseits wichtiger als alles andere war, sich seine Art des Denkens anzueignen, obwohl sie natürlich andererseits seine von ihm hochgeachtete Kritikerin war, mit der er fast alle seine Arbeiten durchsprach. Aber im großen und ganzen überschätzte sie meines Erachtens die männliche Art des Denkens und Schreibens und erfaßte nicht genügend, daß Frauen einen Fundus an Menschlichkeit beherbergen und Männer viel von den Verhaltensweisen der Frauen lernen können.

Versteckter Einfluß

Erinnert das Verhalten von Simone de Beauvoir nicht ein wenig an die übliche Meinung, die man oft hört: Warum soll die Frau sich in der Öffentlichkeit bewegen? Sie hat ja durch die Jahrhunderte den Mann doch anders beeinflussen können. Sie stand quasi hinter dem Mann. Sie war zwar in der Familie tätig, hatte aber gerade dadurch einen großen Einfluß auf alle Handlungen des Mannes.

Ich bezweifle, daß Frauen einen so großen Einfluß auf die Handlungen des Mannes ausübten. Dazu verachteten Männer Frauen viel zu sehr. Wenn man in der Literatur, in der Religion, in der Philosophie die Aussprüche von Männern über Frauen sammelt, wird einem deren abgrundtiefe Frauenverachtung nur allzu deutlich. Deswegen pflegt auch ein Mann immer interessierter an der Meinung eines anderen Mannes zu sein als an der Meinung einer Frau, geschweige denn der eigenen. Sie hat ihm vielleicht durch ihre Aufopferung die Grundlage hergestellt, daß er ein großer Mann werden und Karriere machen konnte. Aber das bedeutet noch lange nicht, daß er sie deswegen achtet; vielleicht bemerkt er es nicht einmal. Häufig identifizieren sich aber auch Frauen mit den Größenphantasien und dem beruflichen Ehrgeiz ihres Mannes. Er soll für sie eigene Wünsche und Phantasien verwirklichen. Das ist natürlich eine weibliche Entwicklung, die den Mann in seinen Größenvorstellungen bestätigt und die beruflichen und geistigen Fähigkeiten der Frau eher untergräbt.

Es wird aber häufig gesagt, daß Frauen Männer auf eine subtile Art beeinflussen, ohne daß die Männer selber es bemerken. Wenn eine Frau z. B. will, daß ein Mann Karriere macht, dann geschieht das meistens, ohne daß jemand weiß, daß im Grunde genommen sie dahintersteckt.

Das mag natürlich durchaus vorkommen, daß ihr Ehrgeiz, ihr Ansporn hinter seinem Erfolg steht. Aber schließlich macht trotzdem er seine Karriere, und zwar auf männliche Weise in einer männlichen Gesellschaft. Aber dieser Druck auf den Mann und seine Karriere bedeutet ja nicht, daß dahinter ein wirkliches Verständnis der Frau für die gesellschaftliche Situation des Mannes entsteht und für das, was sich mit seinem Aufstieg verbindet. Wenn dem so wäre, könnten ja Frauen – meinetwegen durch ihren Mann – manches in unserer Gesellschaft ändern.

Urchristen, Kommunisten und Humanisten

Gibt es denn bisher keine gesellschaftlichen Gruppen, die uns als Vorbild dienen können?

Sicherlich gibt es im Laufe der Geschichte Gruppen, die Wertvorstellungen verkörperten, mit denen Mann wie Frau sich, was den Kampf gegen Herrschaft und Ausbeutung betrifft, identifizieren können. Ich denke beispielsweise an drei Gruppen: die Urchristen, die Kommunisten und die Humanisten. Die ursprünglich sich um Christus versammelnden Menschen stellten sich auf die Seite der Schwachen, Hilfsbedürftigen, Unterdrückten und, mehr als bis dahin üblich war, auch auf die Seite der Frauen. Und was die Kommunisten anbetraf, so waren auch sie geleitet vom Wunsch nach mehr Gerechtigkeit, nach einer besseren Verteilung der geistigen und materiellen Güter, nach weniger Herrschaft und Unterdrückung. Die Humanisten, an die ich hier denke, haben keine Partei gebildet wie die Kommunisten oder keine Kirche wie die Christen, sie kämpften für die Verbesserung der menschlichen Situation, für die Gleichheit der Bildungschancen und gegen hierarchische Gesellschaftsstrukturen. Ihnen kommt es darauf an, sich einzufühlen, zu verstehen, was eigentlich Menschen von Menschen angetan wird;

auch sie bekämpfen die herrschaftsbestimmenden Gruppen, die rücksichtslos ihre eigenen Interessen durchsetzen und die kein Gefühl für Minderheiten und Andersdenkende entwickeln. Bei allen diesen drei Gruppen waren zumindest ursprünglich die Eigenschaften, die wir als weiblich beschrieben haben, vorherrschend: Identifikation mit den Unterdrückten, das Bedürfnis, sich ausgestoßener und hilfloser Menschen anzunehmen, der Wunsch, Menschen zu mehr Selbständigkeit und Weiterentwicklung zu verhelfen, wie das auch jede Mutter für ihr Kind wünscht. Diese drei Gruppen sind also in ihren Grundeinstellungen nach unserer Definition weiblich. Was aus der christlichen Kirche und dem Kommunismus wurde, sobald sie von mächtigen Männern, die hierarchische Ordnung wieder aufbauten, beherrscht wurden, steht auf einem anderen Blatt. Da blieb natürlich nichts mehr von den ursprünglichen »weiblichen« Idealen übrig. Die Christen und die Kommunisten sind sehr bald »männlich« degeneriert.

Noch einmal: weiblich

Wie kommen Sie eigentlich auf diese Definition »weiblich« und »männlich«? Ist das eine von Geburt her bestimmte Anlage, die die Frau erwirbt, indem sie ein Kind austrägt? Sie benennen Eigenschaften als »weiblich«, die u. U. Männer auch haben können.

Ich bin gewiß kein Verfechter der Ansicht, daß wir aufgrund unserer Biologie zu dem geworden sind, was wir sind. Natürlich spielt die Biologie für jeden von uns eine wichtige Rolle. Männer gebären *bisher* noch keine Kinder, immer noch sind es die Frauen, die die Kinder gebären und die allein dadurch motiviert sind, sich für Hilfsbedürftige einzusetzen, denn so ein Säugling ist ja bekanntlich vollkommen hilflos. Selbstverständlich – und das tun ja auch einige wenige kinderfreundliche Männer in unserer Gesellschaft – könnten sich nach der Geburt eines Kindes Männer genauso für das Kind einsetzen wie Frauen, was sich übrigens für die Entwicklung des Kindes sehr positiv auswirken kann. Doch die von Mann und Frau entwickelten Eigenschaften haben zwar auch mit der Biologie zu tun, sind aber in weit größerem Ausmaß durch die Erziehung, durch die Wertvorstellungen einer Gesellschaft und Rollenzuweisungen bestimmt. Sie sagten ja selbst: Sowenig wie ein durchschnittlicher Mann dazu erzogen wird, sich um kleine Kinder zu kümmern, sowenig wird die Frau dazu erzogen, sich verantwortlich für die Gesellschaft, in der sie lebt, zu fühlen und sich entsprechend in deren Belange einzumischen. Es wird fälschlich behauptet, sie besäße weder die Nerven noch die Fähigkeiten, sich politisch, wirtschaftlich, wissenschaftlich etc. durchzusetzen, und auch nicht die Intelligenz oder die Übersicht dafür. Das ist natürlich Unsinn. Diese Behauptung läßt sich mittlerweile durch zahlreiche Beispiele widerlegen. Nur ihre Erziehung und die Einstellung ihr gegenüber hindern sie daran, ihren so dringend notwendigen Einfluß geltend zu machen. In dem Moment, wo es einer Frau schon in ihrer Kindheit klar ist, daß sie wie der Mann einen Beruf ergreift, daß sie wie der Mann für die Gesellschaft verantwortlich ist, daß es keine weiblichen Fähigkeiten und Unfähigkeiten gibt, die als angeboren gelten können, endet diese Untätigkeit.

In Zürich hat man eine Umfrage gemacht in zwei Abschlußklassen, also bei 16jährigen, die aus der Schule entlassen werden. Sie wurden über ihr Rollenverständnis und ihr Interesse am staatlichen Leben befragt. Man wollte von den einzelnen wissen, sowohl von Jungen wie von Mädchen, wie sie sich zukünftig ihre Haltung innerhalb unserer Gesellschaft vorstellen. Und es war recht erschreckend festzustellen, daß in einer gemischten Klasse von etwa 20 Schülern nur zwei Mädchen und drei Jungen sagten, sie hätten Interesse am öffentlichen Geschehen, sie würden zu Abstimmungen und Wahlen gehen, sie seien an gesellschaft-

lichen Veränderungen interessiert. Alle anderen haben gesagt, das interessiere sie nicht: Wir interessieren uns für Sport, in erster Linie für Sport; wir interessieren uns für unser wirtschaftliches Wohlergehen; ich suche eine Arbeitsstelle; das andere sollen die anderen machen. Die Interesselosigkeit war genau gleich verteilt bei Mädchen wie bei Jungen.

Das kann ja vielleicht sowohl ein positives wie ein negatives Zeichen sein. Ich glaube schon, daß die Skepsis darüber, was diese Gesellschaft und ihre männliche Hierarchie, ihre männlichen Rollenvorstellungen und Ausbeutungsmethoden betrifft, tief in Jungen wie Mädchen eingedrungen ist. Das Interesse an Politik, das noch vor nicht allzu langer Zeit mit viel Prestige verbunden war und das man als Unterstützung der darin herrschenden Wertvorstellungen ansehen kann, hat einfach aufgehört. Die Fragwürdigkeit unserer Gesellschaft und deren »Werte« und Rollen scheint wirklich ins allgemeine Bewußtsein eingedrungen zu sein. Und deswegen sind weder Jungen noch Mädchen daran interessiert. Den Mädchen fehlt aufgrund ihrer Erziehung der Mut zu sagen: Gut, wir gehen in diese Gesellschaft hinein, um da etwas zu verändern. Und Jungen weigern sich zunehmend, sich mit dem Männlichkeitsgebaren der sie umgebenden Welt zu identifizieren. Der Identifikationszwang hat ganz einfach deswegen nachgelassen, weil man das, womit man sich identifizieren soll, bezweifelt, und das bei beiden Geschlechtern. Aber das kann man auch positiv deuten, denn erst muß etwas untergehen, bevor neue Möglichkeiten des Verhaltens sich abzeichnen können. Und deswegen spielen wohl auch die Frauenbewegungen und überhaupt die Frauen heute eine viel größere Rolle, als allgemein bekannt ist, denn deren Erkenntnisse und Versuche des Umdenkens treffen auf eine brüchige Wertwelt der Männer, die eben nicht mehr glaubwürdig ist.

Wir haben vorhin von Humanismus, Christentum und Kommunismus gesprochen. Glauben Sie nicht, daß alle Menschen, auch die Frauen, die diese Gesellschaft verändern wollen, in einer gewissen Weltanschauung einen Halt finden müssen, in einer Weltanschauung, die weiterträgt, damit sie sich nicht in einem luftleeren Raum befinden, nicht beginnen, schwindlig zu werden. Sonst werden sie ja von nichts mehr gehalten, von keiner Motivation...

Noch einmal: Vorbilder

Sie haben am Anfang gefragt: Brauchen wir Vorbilder? Ich habe zwar meine Skepsis, was »Vorbilder« und deren Notwendigkeit anbetrifft. Aber als Kind braucht sicher jeder Mensch ein Vorbild, an dem er sich halten kann. Ein Vorbild ahmt man nach, und langsam verinnerlicht man bestimmte

Wertvorstellungen, Rollenzuweisungen und die damit verbundenen Funktionen und handelt danach. Wenn Frauen völlig in den leeren Raum gestellt sind, keine anderen Frauen haben, mit denen sie sich solidarisieren können und die ihnen auch bestimmte Verhaltensweisen nahebringen, wird es ihnen schwerfallen, das eigene Schicksal und das anderer Frauen zu ändern. Insofern brauchen wir wahrscheinlich alle Vorbilder. Und die meisten von uns pflegen ja viele Vorbilder gehabt zu haben im Laufe des Lebens, seien es Menschen der Gegenwart oder der Vergangenheit, seien es Bücher, Erkenntnisse oder Erfahrungen, neue Länder und Völker mit anderen Reaktionen, Umgangsformen etc. All das kann einem Menschen dazu verhelfen, vielfältige Möglichkeiten in sich zu entwickeln und das zu finden, was ihm oder ihr entspricht und der Wahrheit am nächsten kommt. Also ganz allein und verlassen, ohne Solidarität mit anderen Frauen, ohne Vorbilder in Kindheit und Jugend, ohne stete Erweiterung seiner Erfahrungen und Kenntnisse ist das Leben beider Geschlechter sicherlich ziemlich arm und orientierungslos.

Warum sind Sie dann doch skeptisch gegenüber Vorbildern?

Ich bin skeptisch insofern, als dieser Begriff etwas Idealistisches an sich hat und auch vielleicht das aktiviert, was ich einmal mit »Totalidentifikation«

beschrieben habe. Man wird dann quasi zum anderen. Man hat den anderen oder seine Ideale »verschluckt«, den oder das andere in toto, und das erdrückt die Eigenentwicklung einer Person. Vorbilder können als Anregung dienen, als Möglichkeit, zu sagen: Ja, der und die hat so gelebt oder so geschrieben oder so reagiert, das kann anregen zu neuem Denken, neuen Verhaltens- und Handlungsweisen. Dann hat man für sich ein Stück Aufklärung geleistet. Mit mehr Wissen um die eigene Innen- und Außenwelt wachsen die eigenen kritischen Fähigkeiten, zwischen vielfältigen Weltbildern und Wertvorstellungen zu unterscheiden und dadurch langsam herauszufinden, wie man selber mit sich und anderen umzugehen wünscht und vielleicht auch umgehen kann. Ich bin also sehr für Vorbilder im Sinne der Orientierungserweiterung, im Sinne der Zunahme einer kritischen Werteinstellung, aber nicht im Sinne des »absolut zu werden, wie es der andere oder die ›Ideale‹ vorschreiben«. Das ist ein Lernen von oben nach unten und fördert hierarchische Strukturen auch im Inneren eines Menschen. Eigenständigkeit und Aktivität gehen verloren, passives Sich-Ergeben oder Anpassung ist nicht selten die Folge. Und jede Passivität, wofür Frauen aufgrund ihrer Erziehung besonders anfällig sind, läßt es dann um so leichter zu, daß man sich an Ideale, Vorbilder, Verhaltensweisen anpaßt, anstatt selber aktiv zu werden, auch im Denken.

Aber Vorbilder können auch sehr anspornen, ohne daß man sie »verschluckt«, sondern so, daß man sich sagt: Ich in meiner Situation könnte etwas Ähnliches machen.

Sicherlich, nur tut man, um es zu wiederholen, sicherlich gut daran, Vorbildern gegenüber immer skeptisch zu bleiben. Die Neigung zum Idealisieren ist nicht ungefährlich, denn zum Idealisieren gehört immer die andere Seite der Münze, die Verteufelung, d. h. die undifferenzierte Trennung in Gut und Böse. Das Vorbild allein ist gut, und alles, was nicht so ist wie das Vorbild, ist böse. Dieses Verleugnen und Verdrängen der Einsicht, daß niemand und nichts ausschließlich gut und niemand und nichts ausschließlich böse ist, verbindet sich allzuoft mit einer Vorbildsuche. Nur Vorbilder, die nicht in den Himmel gehoben werden, sondern genau und kritisch betrachtet werden, können auf die Dauer zum Erwachsenwerden beitragen. Nehmen Sie z. B. Sartre und Beauvoir. Beide waren sie sehr begabte Schriftsteller mit unendlich vielen neuen Ideen, wie man sie selten von einem Paar angeboten bekommt. Gleichzeitig haben sie meines Erachtens auch manches falsch gemacht. Simone idealisierte einerseits männliche Eigenschaften und Fähigkeiten, obwohl sie andererseits die Situation der Frau in Gegenwart und Vergangenheit in ihrem Buch »Das andere Geschlecht« treffender und umfassender beschrieben hat als die meisten anderen Autorinnen und Autoren vor ihr.

Warum auch sollte man von Beauvoir und Sartre erwarten, daß sie alles richtig denken und alles richtig machen; das ist lächerlich. Das ist bei anderen großen Denkern wie Freud, Marx, Goethe und wem auch immer natürlich auch nicht der Fall; auch sie haben kritikwürdige Verhaltensweisen, Charaktere und Eigenschaften gezeigt. Also ein idealisierendes Vorbilddenken geht einher mit einer fragwürdigen Fremdbestimmung und führt nicht zu einer eigenen kritischen Position, sondern behindert die Aktivität des Denkens.

Also doch: weiblich = menschlich!

Als wesentliche Folgerung und Forderung unseres Gesprächs gilt also: Wir sollten alle eine von den Frauen beeinflußte und geprägte menschlichere Welt anstreben. Das ist unser Ziel.

Zumindest versuchten wir zu zeigen, daß es Eigenschaften gibt, die seit jeher als »weiblich« bezeichnet werden und die zu einer menschlicheren Gesellschaft führen können.

Aha, weiblich gleich menschlich?

Gewiß nicht so, daß wir sagen würden, alle Frauen sind gut und alle Männer sind böse. In Wirklichkeit sind beide Geschlechter natürlich gemischt gut und böse. Es geht eben vor allem darum, unsere kritischen Fähigkeiten nicht verkommen zu lassen, die Widersprüchlichkeit unserer Gefühle zu ertragen, um nicht der Neigung, einerseits zu idealisieren, andererseits zu verteufeln, zu verfallen. Dennoch: vom Trend, von der Art der Erziehung her gesehen, gibt es bestimmte Eigenschaften, die wir beschrieben haben, die, um es noch einmal zu wiederholen, bei der Frau sich sicher häufiger entwickeln als beim Mann.

Gibt es so etwas wie ein »above«, so ein »Drüber«, das weder weiblich noch männlich ist, sondern eben nur menschlich? So daß die Unterscheidung gar nicht mehr so eine Rolle spielen würde?

Sie haben im Laufe unseres Gesprächs betont, daß die sogenannten weiblichen Eigenschaften auch ein Mann übernehmen könne: Einfühlung, Interesse für Hilfsbedürftige, Mütterlichkeit gleich Väterlichkeit, alles das kann auch ein Mann übernehmen. Und das ist natürlich vollkommen richtig. Denn auch Frauen können Initiative entwickeln, sich in der Gesellschaft durchsetzen, können kritisch und kreativ denken und vieles mehr. Insofern gibt es natürlich Eigenschaften und Fähigkeiten, die, wenn man nur die Geschlechter entsprechend erzieht, sowohl Mann wie Frau entwickeln können. Und das, scheint mir, ist uns beiden hier besonders wichtig. Aber wenn wir sagen: »Die Zukunft ist weiblich«, wollten wir eben aufzeigen, daß bisher die Gesellschaft, die Politik und die in beiden herrschenden Strukturen sich vor allem nach ganz bestimmten männlichen Wertvorstellungen und Rollenidentitäten ausgerichtet haben, daß wir aber etwas anderes wollen, daß wir im Gegenteil bestimmte Eigenschaften, die eher frauentypisch sind, in die Gesellschaft hineintragen wollen, weil sie uns als die menschlicheren, im besten Sinne als die friedlicheren erscheinen und deswegen eine bessere Zukunft verheißen, als sie uns durch die Fortsetzung gegenwärtiger Verhaltensformen bevorstehen würde.

Um nochmals etwas zu zögern: Da gab es doch in der Antike Frauen, Prophetinnen, Anführerinnen des Volkes, die großen Einfluß hatten.

Kassandra

Sie denken vielleicht an Kassandra, über die und deren Funktionen im Altertum Christa Wolf ihr schönes Buch geschrieben hat. Kassandra handelte nicht blind wie die meisten Männer um sie herum; sie, eine Sehende, spricht aus, was geschehen ist und was geschehen wird. Die blind handelnden Männer haben den sprachlichen Zugang zu ihrem eigenen Inneren und zu den Motiven ihrer Handlungen verloren. Sprachlosigkeit wird zu Ich-Losigkeit. Christa Wolf stellt dar, wie mit den Dramen des Äschylos eine neue Moral, die des Vaterrechts, installiert wird, ohne die frühere mutterrechtliche Denkweise ganz zu verleugnen. Ich zitiere: »So will der männliche Dichter diese Frauen sehen: haßvoll, eifersüchtig, kleinlich gegeneinander – wie Frauen werden können, wenn sie aus der Öffentlichkeit vertrieben, an Haus und Herd zurückgejagt werden; genau dies geschah in den Jahrhunderten, deren Summe des Äschylos großes Drama zieht.« Seither haben Frauen in der uns bekannten Geschichte, haben mutterrechtliche Denkweisen keine wesentliche Rolle mehr gespielt. Die früher verehrungswürdige kluge Frau, der man zuhörte, deren Rat man folgte, wird jetzt mehr und mehr zum Ungeheuer oder zur sprachlosen Heiligen. Worte, so Christa Wolf, erreichen die Erscheinungen nicht mehr, mit denen wir es heute zu tun haben. »Was die anonymen nuklearen Planungsstäbe mit uns vorhaben, ist unsäglich: die Sprache, die sie erreichen würde, scheint es nicht zu geben.« Ich möchte noch ein paar Sätze von Christa Wolf zitieren: »... wie die Kritik an der Einseitigkeit des männlichen Rationalismus Gefahr läuft, als Irrationalismus, Wissenschaftsfeindlichkeit mißverstanden, auch mißbraucht zu werden, und dies besonders in restaurativen Epochen (der Weg zu den ›Müttern‹ als Rück-Fall in Ressentiments, als Flucht-Weg vor einer Analyse der Verhältnisse, als Idealisierung primitiverer Gesellschaftszustände, womöglich als Vorbereitung von Blut- und Boden-Mythos). Dies bringt wiederum die Frage auf, was, von heute aus und aus den Voraussetzungen dieser Zivilisation, (überhaupt noch) ›Fortschritt‹ sein könne, da doch der männliche Weg, alle Erfindungen und Verhältnisse und Gegensätze auf die Spitze zu treiben, bis sie ihren äußersten negativen Punkt erreicht haben: jenen Punkt, der dann alternativlos bleibt, beinahe an sein Ende gelangt ist.«

Aber es hat doch auch später in der Geschichte noch Frauen gegeben, die großen Einfluß hatten, z. B. Kleopatra?

O je, Kleopatra, sie war doch nun weit eher ein Opfer ihrer Zeit und der sie umgebenden Männer, die über sie hinweg herrschten oder sie benutzten, viel mehr wahrscheinlich, als das umgekehrt der Fall war.

Elisabeth von England?

Nun ja, Elisabeth wurde Königin aufgrund der erbrechtlichen Thronfolge, wenn auch nach einigen Widerständen. Aber spielte es damals wirklich eine entscheidende Rolle, ob auf dem Thron eine

Frau oder ein Mann saß? Sie oder ihr Parlament haben bekanntlich auch Maria Stuart enthaupten lassen, manche sagen, berechtigt, je nachdem, aufgrund welcher Denktradition man Recht und Unrecht definiert. Aber bedeutet das wirklich, daß damals Frauen als Frauen in England Macht hatten? Ich glaube doch, überhaupt nicht!

Jetzt möchte ich Sie noch einmal zitieren: »In Wahrheit sind es die Mächtigen, die die Welt beherrschen, und dazu gehört die Macht der Männer über die Frauen, die Macht der Eltern über ihre Kinder.« Wäre es nicht möglich oder wünschenswert, daß wir überhaupt Abstand nehmen von der Macht, davon, daß man über andere Wesen Macht ausübt?

Wissen Sie, wir sprachen ja schon darüber, wie wunderbar das wäre, wenn das tatsächlich einmal unter Menschen verwirklicht werden könnte. Macht – im Sinne der Unterdrückung von Schwachen – zu bekämpfen, Macht nicht in diesem Sinne auszunutzen, ist die Grundlage jedes menschlichen Tuns, begleitet jedes wahrhaft aufklärerische Denken. Aber ob man will oder nicht, ein Kind z. B. ist hilflos am Anfang seines Lebens, also der Willkür seiner Eltern ausgesetzt. Es kommt darauf an, wann, wo und wie man seine potentielle Macht ausübt, wann, wo und wie man auf Ereignisse Einfluß nimmt. Wir Frauen haben in dieser Gesellschaft kaum Macht. Wie, wo und wann wir unseren Einfluß geltend machen, den wir potentiell haben, um die hierarchisch ausgeübte Macht der Männer aufzulösen, die eine so unglückliche Wirkung auf den Verlauf der Geschichte gehabt hat, das gehörte ja zum zentralen Thema unseres Gespräches.